£5
1104

BEN WITTER · ÄRGERNISSE

BEN WITTER

Ärgernisse

Mit 13 Zeichnungen
von Pit Morell

LANGEN MÜLLER

© 1971 by Albert Langen · Georg Müller Verlags GmbH,
München · Wien
Einbandzeichnung von Pit Morell
Gesamtherstellung: Druckerei Ludwig Auer, Donauwörth
Printed in Germany 1971

ISBN 3-7844-1465-6

Es ist 10

Liebenow holt mit der linken Hand die Morgenzeitung aus der Schreibtischschublade und öffnet mit der rechten, ohne den Blick von der Zeitung zu wenden, seine Aktentasche, die unter dem Schreibtisch steht.
Liebenow langt in die Aktentasche und nimmt sein Butterbrotpaket heraus. Er löst das Einwickelpapier, indem er seinen kleinen Finger ruckweise unter den Rand bohrt. Mit dem kleinen Finger hebt er die eine Hälfte des Einwickelpapieres hoch und mit dem Daumen die andere Hälfte.
Liebenow streicht mit der Zunge über die herausquellende Butter und ißt mal langsamer und mal schneller, je nachdem, was er gerade liest.
Blättert Liebenow eine Seite zu hastig um, berührt sein Bein das offene Schloß der Aktentasche. Es klappert, und er räuspert sich.
Als Liebenow die letzte Seite liest, hat er sein Brot aufgegessen und glättet, ohne hinzusehen, das Einwickelpapier zuerst mit dem Ballen der rechten Hand, dann mit der Kante der linken Hand, und schiebt es mit dem Ellenbogen in den Papierkorb, wo es den Boden bedeckt.
Er legt die Morgenzeitung wieder in die Schreibtischschublade zurück und stellt seine Aktentasche in die Lücke zwischen dem Schreibtisch und der Steckdose.
Liebenow zündet sich eine Zigarette an und inhaliert den ersten und den letzten Zug. Klingelt zwischendurch das Telefon, inhaliert er auch nach dem Klingeln, und wenn er den Hörer auflegt.
Hat er zum letzten Mal inhaliert, hält Liebenow die Zigarette so, als ob er sie in eine Spitze stecken will,

drückt sie aus und kehrt mit dem Stummel die Asche zu einem Häufchen zusammen.

Liebenow wischt sich den Mund mit einem frischen Taschentuch ab und betrachtet die verfärbte Stelle noch einmal, ehe er das Taschentuch zusammenfaltet und einsteckt.

Liebenow fährt mit dem Mittelfinger unter dem Kragen entlang.

Liebenow hat rote Ohren und die Läppchen sind angewachsen. Seine Ohren glänzen, als hätten sie einen Lacküberzug. Adern schimmern durch. Er legt die Muschel beim Telefonieren nicht an sein Ohr; es bleibt ein Abstand.

Wenn Liebenow aufsteht, fallen die Hosenbeine nicht gleich wieder herunter. Sie fallen Zentimeter um Zentimeter, mal langsamer und mal schneller, je nachdem ...

Voll, aber nicht zu voll

Mein Abfalleimer war voll. Die Ascheimer waren voll, aber nicht zu voll. Ich verteilte den halben Inhalt meines vollen Abfalleimers in die Ascheimer und füllte die andere Hälfte in eine Tragetasche.

Der Deckel einer Konservendose riß das Papier ein und ich stellte die Tragetasche in eine Tragetasche aus Plastik. Die vorbeigefallenen Apfelsinenschalen packte ich in Zeitungen und machte ein Paket daraus.

Ich ging zu dem eisernen Papierkorb an der Bushaltestelle. Der Papierkorb war voll, aber nicht zu voll.

Ich drückte die Tragetasche in eine Lücke. Das Paket paßte noch darauf. Ich drückte auf das Paket. Aber das Paket ging hoch. Ich drückte das Paket herunter.

Ein Busschaffner starrte auf das Paket. Als es wieder hochging, wollte er etwas sagen, aber ich drückte das Paket wieder herunter. Es kam wieder hoch. Der Busschaffner sagte nichts, kam aber einen Schritt näher. Ich drückte das Paket mit beiden Händen herunter. Es ging nicht wieder hoch, und der Papierkorb war voll, aber nicht zu voll.

Der Busschaffner machte einen zweiten Schritt. Das Paket ging nicht wieder hoch, aber durch die Apfelsinenschalen war das Zeitungspapier feucht geworden. Es konnte jeden Augenblick platzen. Ich wollte gerade nachsehen, ob es wirklich platzen würde, da platzte es und die Apfelsinenschalen quollen heraus.

Ich fing die Apfelsinenschalen auf, und was darunter war, kam jetzt auch höher.

Der Busschaffner und ich starrten in den Papierkorb. Die Konservendose wurde sichtbar. Sie ging aber nicht viel höher, weil der Deckel irgendwo hakte.

Ich legte die Apfelsinenschalen wieder in die Konservendose und besorgte eine Plastiktüte und stülpte sie über den Papierkorb. Der Papierkorb war voll, aber nicht zu voll.
Langsam hob sich die Plastiktüte.
Ich drückte die Plastiktüte herunter.
Der Busschaffner sagte: »Der Papierkorb ist zu voll.«
Ich drückte auf die Plastiktüte und sagte: »Der Papierkorb ist voll, aber nicht zu voll.«

In den Sesseln nicht

Im ersten Stock öffnete sich eine Tür. Aber ich sah niemanden. Als ich an der Tür vorbeigehen wollte, guckte Herr Kagel heraus und sagte: »Kommen Sie doch mal 'rein.«
Hinter ihm stand Frau Kagel.
Herr Kagel ging in ein Zimmer mit neuen Sesseln.
»Setzen Sie sich bitte einmal in den Sessel«, bat Herr Kagel.
Ich setzte mich.
»Nein, in den nicht, in den!«
Ich setzte mich in den Sessel.
»Was sagen Sie nun?«
Ich setzte mich in den anderen Sessel. Dann setzte ich mich in den Sessel, in dem ich gesessen hatte und sagte: »Es sind die gleichen Sessel.«
»In dem Sessel, wo Sie zuerst gesessen hatten, sitzt mein Mann seit gestern«, sagte Frau Kagel, »deshalb sagte er ›setzen Sie sich in den, und in den nicht‹. Da sitze ich seit gestern.«
»Gestern sind die Sessel gekommen«, sagte Kerr Kagel, »und sie wurden dahin gestellt, wo sie jetzt stehen. Meine Frau und ich hatten vereinbart, wo sie stehen sollten, aber die Transporteure fragten nochmal: wo?«
»Sie rücken Ihre Sessel öfter«, sagte Frau Kagel, »das hört man, aber unsere brauchen wir nicht zu rücken, sie sind auch viel zu schwer dazu. Und wo sie einmal stehen, da bleiben sie.«
Ich rückte mit dem Sessel und sagte: »So schwer ist er gar nicht.«
»Sie sind es gewohnt, mit dem Sessel zu rücken«, sagte Frau Kagel, »ich habe gesehen, wie Sie das machen. Sie

rudern in dem Sessel herum. Doch wenn wir in unserem Sessel sitzen, sagen wir uns, endlich sitzen wir im Sessel und verhalten uns danach.«
»Ich habe Ohrensessel«, sagte ich, »und rudere in den Sesseln herum, aber nicht, um sie zu verrücken. Ich schlafe öfter in einem der Ohrensessel ein und wenn ich aufwache, stelle ich immer wieder fest, daß ich im Schlaf in dem Sessel herumgerudert habe und er von der Stelle gerückt ist.«
»Ich kann Sie mir in dem Ohrensessel vorstellen«, sagte Herr Kagel.
Ich sagte: »Und wenn ich jetzt in einem der Ohrensessel sitze, stelle ich mir vor, wie Sie in Ihren Sesseln sitzen.«
»So etwas kann man sich einmal vorstellen«, sagte Frau Kagel.
Ich sagte, daß ich es mir immer vorstellen werde, wenn ich in einem meiner Ohrensessel sitze.
»Das kann ich mir gar nicht vorstellen«, sagte Herr Kagel. »Wir sind abends immer hier, aber Sie doch nicht.«
»Aber wenn ich da bin, werde ich mir das vorstellen; ich bin ja auch immer da, aber dann sind Sie schon im Bett. Aber auch wenn Sie schon im Bett sind, werde ich mir vorstellen, wie Sie im Sessel sitzen.«
Ich ging die Treppen hinauf.
Herr Kagel wollte die Tür schließen.
Ich ging langsamer.
Er zögerte.
Erst als ich oben war, machte es ›klack‹.
Ich wollte aber nicht nach oben und lief die Treppen wieder herunter. Herr Kagel drückte die Türklinke herunter. Als ich unten war, schnellte sie hoch.

Ich fühle mich auch nicht

Als ich Whisky bestellte, trank er meinen Whisky aus und sagte: »Ich fühle mich nicht.«
Ich sagte: »Ich fühle mich auch nicht«, und bestellte zwei Whisky.
»Ich fühle mich nicht«, sagte der Mann, »das begann schon beim Aufstehen: ›Was ist das für ein Tag heute?‹ fragte ich, bekam aber keine Antwort. Wer sollte mir das auch sagen? Ich bin alleinstehend. Also, da stand ich nun und dachte: Es geht los. Das geht ja ganz von selbst, bis man angezogen ist, seit über fünfzig Jahren. Und heute mußte ich zurückdenken. Da denkt man und denkt, und es ist gar nichts Besonderes, man denkt, was man macht, bis man angezogen ist, und dann denkt man darüber nach, was man immer gedacht hatte, während man sich anzog, über fünfzig Jahre lang. Ich denke immer noch daran, und wenn ich denke: sag, was du denkst, ist es immer dasselbe, und es ist zu wenig, für die ganzen Jahre; über fünfzig Jahre.«
Als er Whisky bestellte, trank ich seinen Whisky aus und sagte: »Ich fühle mich auch nicht. Das begann schon im Bett! ›Was fehlt dir denn?‹ fragte ich. Wer sollte mir darauf antworten. Ich bin alleinstehend, und auf solche Frage kann auch niemand anders eine Antwort geben. Da lag ich nun und dachte: Es geht los. Das geht ja ganz von selbst. Also ich dachte: Was fehlt dir denn, seit über dreißig Jahren? Es war nicht immer dasselbe, über dreißig Jahre lang, doch es blieb dasselbe, weil ich mich immer wieder fragte: Was fehlt dir denn, seit über dreißig Jahren? Auf einen Tag bezogen, hätte ich es vielleicht herausgekriegt, aber über dreißig Jahre? Und dann sagte ich mir: ›Was fehlt dir denn heute?‹ Dabei

wollte ich bleiben. Ich fand es aber nicht heraus, ich hätte gleich dabei bleiben sollen, was mir heute fehlt; ich ging zu weit.«
»Wir könnten Freunde werden«, sagte der Mann.
Ich sagte: »Wenn wir uns aber nicht fühlen?«
»Morgen fühlen wir uns vielleicht besser?«
»Aber wir werden immer wieder daran denken, wie wir uns gefühlt haben, als Sie meinen Whisky austranken und sagten: ›Ich fühle mich nicht.‹«
»Und Sie haben es mir nachgemacht, und ich dachte, Sie würden sich aufregen und es würde Krach geben und ich könnte mich vergessen.«
»Ich fühlte mich doch auch nicht.«
»Das haben Sie nur gesagt, weil Sie Angst hatten. Was fehlt Ihnen denn?«

Räuspern im Café

Ich saß im Café. Vor einem Mann an der Wand hing ein Spiegel. Und einer hinter ihm, über einem Wandleuchter. Der Mann las die Zeitung. Wenn er eine Seite umblätterte, schob er die Kaffeetasse jedesmal weiter nach rechts und räusperte sich.
Als er die Zeitung ausgelesen hatte, faltete er sie zusammen und legte sie zwischen den Kuchenteller und die weit nach rechts geschobene Kaffeetasse.
Er fuhr mit dem Zeigefinger über eine gerötete Falte unter seinem Haaransatz.
Er beugte sich vor. Die Falte verzog sich. Sie wurde zu einer verstrichelten Linie.
Er hob den Kopf. Haarspitzen stießen in die Falte hinein.
Er bestellte noch eine Tasse Kaffee.
Er nahm die Zeitung weg.
Die Kellnerin stellte die Tasse dahin, wo die zusammengefaltete Zeitung gelegen hatte, und räumte den Kuchenteller und die leere Tasse ab. Sie griff nach der Zeitung und faltete sie auseinander und legte sie auf die anderen Zeitungen.
Das linke Ohr des Mannes war von Haaren verdeckt.
Der Kaffee war zu heiß und der Mann räusperte sich.
Die Kellnerin stellte sich vor dem Mann vor den Spiegel an der Wand und zog hinten an der Schleife ihrer Schürze.
Der Mann sah das.
Ich erblickte seinen Kopf im Spiegel. Das sah aus, als trüge die Kellnerin seinen Kopf unter dem Arm.
Der Mann bückte sich.
Ich sah die Haarspitzen im Spiegel.

Die Kellnerin betrachtete ihre Fingernägel. Im Spiegel schien es, als ob die Haarspitzen des Mannes gegen die Finger stoßen wollten.
Der Mann hob seinen Kopf. Die Haare hingen nach vorn. Im Gesicht hatte er rote Stellen.
Die Kellnerin sah ihn an und räusperte sich.
Der Mann ging zur Toilette.
Die Kellnerin stellte sich wieder vor den Spiegel. Ihre Haare waren hinten hochgekämmt. Mit dem Zeigefinger fuhr sie über den Haaransatz.
Ich bestellte noch eine Tasse Kaffee.
Die Kellnerin wurde rot.
Der Mann kam mit glattgekämmten Haaren aus der Toilette. Das linke Ohr war immer noch von Haaren verdeckt.
Die Kellnerin brachte mir die Tasse Kaffee und ging zur Toilette. Mit gepudertem Gesicht kam die Kellnerin wieder aus der Toilette heraus und räusperte sich.

Etwas im Schuh

In meinem Schuh mußte ein Stein sein.
Ich ging in ein Treppenhaus und stellte den Fuß auf eine Stufe. Ich bückte mich, und die Brieftasche fiel heraus. Der Inhalt verteilte sich auf die zwei Stufen darunter. Ich sammelte alles auf und steckte es in die Brieftasche. Dann stellte ich meinen Fuß auf eine höhere Stufe. Ich brauchte mich nicht mehr so tief zu bücken. Aber in dem Schuh war kein Stein.
Ich verließ das Treppenhaus und kam in ein Gedränge. Ich faßte nach meiner Brieftasche. In der linken Brusttasche, wo ich sie immer hineinsteckte, war sie nicht. Sie war in der rechten Brusttasche. Ich steckte sie in die linke Brusttasche.
Wenn es kein Stein ist, überlegte ich, wird es ein Nagel sein.
Ich setzte mich auf eine Bank. Vorn und hinten gingen Leute vorbei. Ich bückte mich. Ein Mann riß seine Aktentasche hoch. Ich hob das Bein und legte es aufs Knie. Ich zog den Schuh aus, aber ich fand keinen Nagel und zog den Schuh wieder an.
Ich lehnte mich an einen Baum gegenüber der Bank, hob das Bein und zog den Schuh aus. Ich nahm den Schuh in die rechte Hand, zog mit dem Schuh in der Hand den Strumpf aus und schüttelte ihn. Aber es fiel nichts heraus. Ich tastete den Fuß ab. Zwischen den Zehen steckte ein abgebrochenes Streichholz. Es mußte auf dem Teppich gelegen haben.
Ich zog den Strumpf wieder an, der Schuh fiel herunter, ich ließ ihn stehen und schlüpfte hinein. Ich bückte mich, um ihn zuzumachen. Aber ich hatte Angst, daß die Brieftasche wieder aus der Brusttasche fällt und stemmte

den Fuß ungefähr in einem Meter Höhe gegen den Baum.
Ich ging weiter. Je schneller ich ging, desto tiefer rutschte der Strumpf in den Schuh. Ich hatte ihn nicht ganz hochgezogen. Ich bückte mich jedesmal, um ihn wieder hochzuziehen und drückte meine Hand immer auf die linke Brusttasche, damit die Brieftasche nicht herausfallen konnte.
Ich ging in eine öffentliche Bedürfnisanstalt, stellte meinen Schuh auf einen Beckenrand und zog ihn aus und den Strumpf hoch. Der Wärter sagte, man stellt seinen Fuß nicht auf den Beckenrand.
Ich setzte mich auf das Becken.
»Sie müssen die Tür zumachen«, sagte der Wärter. Er knallte die Tür zu. Kalk fiel von der Decke in den Schuh.

Rille für Rille

Ich ziehe einen feuchten Lappen über die Spitze meines Zeigefingers, um damit in die Rillen der Bilderrahmen zu fahren. Ich drücke so kräftig in die Rillen, daß die Spitze des Fingernagels den feuchten Lappen durchschneidet. Ich kann den feuchten Lappen aber nicht doppelt über die Spitze meines Zeigefingers ziehen und wähle eine andere Stelle in dem feuchten Lappen und drücke nicht so kräftig.
Ich drehe den feuchten Lappen um und fahre damit in die Rillen der Sessel. Die Rillen befinden sich in den Füßen der Sessel, und ich drücke kräftig dagegen.
In die Rillen der Stühle kann ich nicht so kräftig drücken, sonst rutschen die Stühle weg. Mit der rechten Hand halte ich die Stuhlrücken fest, mit dem rechten Bein knie ich neben den Stühlen und mit dem linken Knie drücke ich mich manchmal vom Teppich ab, wenn ich eine Rille suchen muß.
Ich fahre mit dem feuchten Lappen in die Rillen der Schränke. In die unteren Rillen drücke ich kräftig.
Ich wasche den Lappen aus und steige auf eine Leiter, um in die Rillen der Lampen zu fahren. Ich drücke den feuchten Lappen nicht in die Rillen, und löse die Glühbirnen aus den Fassungen. Ich drückte aber kräftig in die Rillen der Fassungen.
Ich schaue auf die Rillen in den Bilderrahmen, Sesseln, Stühlen und Schränken und finde Rillen, in die ich noch gar nicht mit dem feuchten Lappen gefahren bin.
Ich steige von der Leiter und fahre in die Rillen, in die ich mit dem feuchten Lappen schon gefahren war, die aber von oben aussehen, als wäre ich noch nicht mit dem feuchten Lappen hineingefahren.

Besuch am Fenster

Der Polizist fragte: »Warum legen Sie kein Kissen auf den Stuhl?«
Ich antwortete: »Wenn ich ein Kissen auf den Stuhl legen würde, könnte ich auch woanders sitzen.«
»Seit drei Wochen hat es hier keinen Autounfall mehr gegeben«, sagte der Polizist.
Ich antwortete: »Viermal bin ich bereits Zeuge von Autounfällen hier gewesen und habe meine Beobachtungen jedesmal zu Protokoll gegeben.«
»Aber Sie können doch nicht immer am Fenster sitzen«, sagte der Polizist.
»Sie haben mich immer am Fenster sitzen sehen.«
»Und wenn jetzt auf der Straße etwas passiert«, sagte der Polizist, »können Sie es nicht gesehen haben, weil Sie mich ansehen.«
Ich antwortete: »Mit einem Auge sehe ich immer aus dem Fenster.«
»Da läuft ein Mann«, sagte der Polizist.
Ich antwortete: »Wenn da einmal jemand hinfällt, greife ich zu meinem Fernglas, um festzustellen, ob er selbst Schuld hat oder die schadhafte Stelle im Bürgersteig. Ich habe diese Stelle der Polizei gemeldet.«
»Aber die Sonne blendet«, sagte der Polizist.
Ich antwortete: »Meine Augen haben sich an die Sonne gewöhnt, aber da ist meine Sonnenbrille.«
»Haben Sie heute früh die Hilferufe einer Frau gehört?« fragte der Polizist.
Ich antwortete: »Ich kann nur das zu Protokoll geben, was ich gesehen habe.«
»Die Frau lag tot im Gebüsch«, sagte der Polizist.

Ich antwortete: »Das konnte ich im Sitzen nicht sehen.«
»Und warum stehen Sie nicht auf?«
Ich antwortete: »Ich will immer am Fenster sitzen.«
»So können Sie nur mit einem Polizisten reden«, sagte der Polizist.

Tulpen am Bett

Sie hob ihren Kopf.
Ich wickelte die Tulpen aus und reichte sie ihr.
Sie konnte das Band nicht aufkriegen. Ich ließ das Papier auf der Bettdecke liegen und machte das Band auf.
Sie hatte die Stengel nicht zusammengehalten; sie fielen auseinander.
Ich stellte sie zusammen, aber sie fand, daß die Stengel lockerer zusammengestellt werden müßten. Die Schwester brachte eine Vase. Wir stellten zusammen die Tulpen hinein. Ich stellte die Vase auf den Nachttisch.
Ich nahm das Papier von der Bettdecke herunter und knüllte es zusammen.
Sie suchte das Band.
Ich sah unter dem Bett nach. Da war es nicht zu finden. Es schwamm in der Vase.
Ich sollte die Tulpen wieder aus der Vase nehmen und das Papier zusammen mit dem Band bis auf den Grund der Vase hinabdrücken und die Tulpen daraufstellen.
Auf den anderen Nachttischen standen auch Tulpen.
Sie hob ihren Kopf.
Ich zog das Kissen höher und klopfte auf den Rand.
Ich sagte: »Ich kenne ein Lokal, da kann man von der Terrasse aus auf Tulpenbeete blicken.«
Die Schwester kam herein und stellte die Vasen mit den Tulpen auf einen Wagen. Die Besuchszeit war vorbei.
Die Tür stand offen.
Sie hob ihren Kopf.
Auf Wagen wurden Vasen mit Tulpen vorbeigefahren.

Mutmaßungen am Vormittag

Thiemann kommt auf mich zu und sagt: »Haben Sie sich aber verändert!«
Ich sage: »Und Sie haben sich gar nicht verändert.«
»Was heißt verändert«, sagt Thiemann, »Sie sehen nur schlecht aus. Man muß keine Beschwerden haben, wenn man so schlecht aussieht; oft ist es schlimm, wenn man noch keine hat. Sah ich schlecht aus, als ich keine Beschwerden hatte, und schließlich bekam ich Beschwerden. So wie Sie sah ich dann aus. Aber ich wußte: es sind nur vorübergehende Beschwerden. Und was wissen Sie?«
Ich sage: »Ich weiß nichts.«
»Denken Sie an meine Worte«, sagt Thiemann.
Und wen muß ich noch treffen? Ahlsen. Er bleibt stehen und sagt: »Sind Sie es, oder sind Sie es nicht? Sie sehen verändert aus, nicht schlecht, aber verändert.«
Ich sage: »Sie haben sich kaum verändert.«
»Ich habe mich verändert«, sagt Ahlsen, »aber bei Ihnen sind es die Augen.«
Ich sage: »Ich habe nichts mit den Augen.«
»Ein Blick hat mir genügt«, sagt Ahlsen. »Und wenn ich von den Augen spreche, will ich damit sagen, was sie mir sagen. Sie sagen mir alles; aber das geht zu weit. Soweit will ich nicht gehen.«
Ich sage: »Gehen Sie weiter.«
»Sie drehen mir das Wort im Mund herum. Wenn man aber soweit ist, wie Sie, sagt das noch mehr!«
Dann kommt mir Butzbach entgegen. »Sieht man sich auch mal wieder?« sagt er. »Sie haben sich überhaupt nicht verändert.«
Ich sage: »Warum soll ich mich verändert haben?«

»Ich habe mich nicht verändert, weil ich mir sage: du darfst dich nicht verändern. Das habe ich mir in den Kopf gesetzt, und ich kann, wenn ich will!«
Ich sage: »Kann man sich das einfach in den Kopf setzen?«
»Sie sollten mich einmal kennenlernen, aber Sie melden sich nicht!«
Und wer ist das? Kleinschmidt. »Plötzlich sieht man sich«, sagt er. »Wie oft habe ich mich inzwischen gefragt, was mag wohl aus ihm geworden sein.«
Ich sage: »Ja, plötzlich.«
»Sie können ja nicht klagen«, sagt Kleinschmidt.
Ich sage: »Ich will ja nicht klagen.«
»Das sagt man so. Heute ist noch alles in Ordnung, aber morgen...? Wie schnell das oft geht... Ich gehe regelmäßig zum Arzt, und falls da was ist, kann immer noch rechtzeitig eingegriffen werden.«
Ich sage: »Bei mir soll alles in Ordnung sein.«
»Heute noch«, sagt Kleinschmidt, »aber morgen?«
Am nächsten Morgen sehe ich meinen Arzt.
Er sagt: »Gestern vormittag habe ich Sie auf der Straße gesehen. Sie sahen verändert aus. Dann sah ich genauer hin. Da sahen Sie ganz normal aus. Ich sagte mir: ›Sieh ihn dir noch mal an.‹ Aber da waren Sie schon weg.«

Handtuch

Ich trockne meine Hände ab, ziehe aber zu stark am Handtuch, und der Aufhänger reißt ab.
Ich lege das Handtuch über den Arm und suche eine Schere. Ich will den Aufhänger abschneiden, aber die eine Stelle, wo der Aufhänger angenäht gewesen ist, habe ich mit herausgerissen.
Ich werfe das Handtuch über meinen Arm und lege die Schere weg.
Ich hole ein frisches Handtuch, aber es hat keinen Aufhänger. Ich drehe es herum und merke, daß ich das Handtuch mit dem abgerissenen Aufhänger aufhängen wollte. Ich nehme das frische Handtuch, hänge es auf und will das Handtuch mit dem abgerissenen Aufhänger weglegen. Ich weiß aber noch nicht, wo ich es hinlegen soll und suche den abgerissenen Aufhänger, um es zu falten. Ich kann es aber nicht in der Luft falten, solange ich an dem abgerissenen Aufhänger festhalte.
Das Handtuch fällt herunter, und ich trete darauf. Ich will es in eine Ecke schleudern, aber es bleibt am Wasserhahn hängen. Ich ziehe zu stark und reiße ein Loch in das Handtuch.
An der Stelle muß es schon lange mürbe gewesen sein.
Es liegt auf dem Boden. Ich will es als Putzlappen behandeln und gleich unter dem Waschbecken saubermachen. Aber meine Hand gerät in das Loch. Ich ziehe sie zurück und trete auf das Handtuch, führe es mit meinem Fuß unter dem Waschbecken hin und her und will es dann mit einem Ruck hochwerfen und auffangen. Das Loch ist aber größer geworden, so mürbe war die Stelle, und ich komme mit dem Fuß nicht aus dem Loch heraus.

Ich reiße an dem Handtuch und verliere das Gleichgewicht.
Ich halte mich an dem frischen Handtuch fest, und der Aufhänger reißt ab.

Im Gleichschritt mit Prietschers

Prietschers gingen im Gleichschritt. Das Paar vor ihnen ging auch im Gleichschritt. Prietschers folgten dem Paar. Vor der Ampel stellten sich Prietschers neben das Paar und überquerten die Straße.
Auf der anderen Straßenseite gingen Prietschers hinter dem Paar weiter. Das Paar ging schneller, und Prietschers paßten den Augenblick ab, wo sie wieder zusammen im Gleichschritt gehen konnten.
Sie gingen auf das Schaufenster eines Warenhauses zu. Beide Paare sahen sich in der Scheibe.
Frau Prietscher ging als erste durch die Drehtür, gefolgt von der anderen Frau, und Prietscher ließ den Mann vorgehen. Der Mann nickte, und seine Frau nickte, Frau Prietscher nickte gleichzeitig mit Prietscher.
Prietschers verließen das Warenhaus durch den Seitenausgang und warteten dort.
Das andere Paar ging durch die Drehtür des Haupteinganges, wo es auch wartete.
Als Prietschers wieder vor der Ampel standen, hatte das andere Paar gerade die Straße überquert.
»Sie hätten eigentlich warten können«, sagte Frau Prietscher.
»Sie gingen wieder durch die Drehtür und hatten dadurch einen Vorsprung«, sagte Prietscher.
»Wir haben aber gewartet«, sagte Frau Prietscher.
»Die auch, sonst wären sie doch schon weiter gewesen«, sagte ich.
»Sie haben aber versucht, uns aus dem Gleichschritt zu bringen«, sagte Prietscher und ging weiter.
»Und ich?«, sagte Frau Prietscher.
Prietscher blieb stehen und sagte: »Hier bin ich.«

Frau Prietscher stellte sich neben ihn.
Ich ging weiter, gefolgt von Prietschers.
Ich ging schneller.
Prietschers gingen genauso schnell.
Wir gingen im Gleichschritt.

Stille, noch stiller

Die Frau des Bauern lächelte. Es war ein stilles Lächeln. Sie sagte: »Wo Sie hier auch hingehen, überall ist es still.«
Ich hörte das Tapsen eines Rehes. Dann wurde es wieder still.
Ich ging entweder auf Gras oder auf Moos und hörte meine eigenen Schritte nicht. Und ich ging so langsam, daß ich meinen Atem nicht hörte.
»Es ist wirklich still«, dachte ich und schluckte.
Dann wurde es wieder still.
Und ein Teich ruhte still, weil es windstill war.
Ich ging nicht mehr auf der Grasnarbe oder auf Moos, das wurde mir zu still, denn über mir war schon alles still genug, und um mich herum, und ich lächelte.
Ich sagte: »Diese Stille!«
Ich mußte etwas sagen, es war zu still und »Diese Stille!« das konnte ich ganz still sagen.
Daß die Hasen still sind, hatte ich erwartet. Und die Vögel? Sie waren still, weil sie erwarteten, daß es bald nicht mehr windstill sein würde. Die Luft stand. Aber war das nicht ein Vogel?
Ich seufzte. Es war aber kein Stoßseufzer. So laut hätte ich nicht geseufzt, dazu war es viel zu still; mein Seufzer paßte in die Stille.
Ob es noch lange so still bleibt, fragte ich mich.
Ich stand gerade still. Etwas hatte mich am Bein gestreift. Ich sah nicht hin. Ich blieb ganz still stehen. Ich hörte nichts.
Mein Atem ging nicht mehr still genug. Ich machte den Mund auf.
Meine Lippen wurden trocken. Ich benetzte sie mit Speichel.

Ich hatte keinen Speichel mehr und schluckte. Dann war es wieder still.
Ich hörte das Tapsen eines Rehes. Ich ging zurück, entweder auf Gras oder auf Moos. Ich hörte meine eigenen Schritte nicht und ging so langsam, daß ich meinen Atem nicht hörte.
Ich sagte zu der Frau des Bauern: »Diese Stille!«.
Sie lächelte.

Ich weiß ...

Ich weiß, er läuft in einer durchsichtigen, knabenhaft schlanken, klimatisierten, präzisen, ganz in sich geschlossenen baumwollenen Kombination umher ...
Ich weiß, seine kerzengeraden Beine gestatten ihm das Tragen enger Hosen, obgleich seine Knie deutliche Spuren einer Verdickung aufweisen, und wenn er zum Schneider geht, leidet er jedesmal unter der Zwangsvorstellung, er säße mit gekreuzten Beinen auf einem Operationstisch und vernähe seine Wunden mit schwarzem Zwirn. Seine Lieblingsfarben sind blau und grau ...
Ich weiß, daß er zur Wahlurne stets in einem dunklen Anzug mit diskretem, aber hoffnungsvollen Streifen geht und die Partei wählt, deren Kandidaten so ähnlich aussehen wie er ...
Ich weiß, er füllt das Haftpulver für seine Zahnprothese heimlich in eine antike Röhre, die Ersatzprothese verwahrt er in einem schwarzen Lederetui, das im Reisenecessaire liegt, und auf Beerdigungen erkältet er sich regelmäßig und gibt den Toten die Schuld ...
Ich weiß, wem er erzählt, daß er liest, was sein muß, und wem er erzählt, für ihn zähle nur die Leistung, aber an Wochenenden blicke er weder vor noch zurück, sondern bilde eine Insel, mit Verachtung erfüllt gegen alle Regeln und Überlieferungen, und wem er erzählt: ›Falls mir im Krieg etwas passiert wäre, was dann ...?‹
Ich weiß, wie er im Bett ist: Seine Frau sagt mir im Bett immer, was er im Bett gesagt hat, als er noch mit ihr ins Bett ging; ich brauche gar nichts zu sagen, sie sagt immer was, und nachher sagt sie: ›Warum hast du nichts gesagt?‹ Ich habe gesagt, daß sie ein Schwein ist, aber sie

hat gesagt: ›Das hab' ich von ihm, er sagte: entweder oder...‹

Ich weiß, daß er im Krieg Unteroffizier gewesen sein soll, doch seiner Freundin, die immer ihre Freundin mitbringt, die alles fotografiert, hat er gesagt: ›Ich war viel mehr.‹ Und das Geld, das er ihr gibt, das muß sie in Grund und Boden stecken...

Ich weiß, daß sein Sohn gegen ihn ist. Seine Mutter sagt: ›Er ist schon ganz der Vater, und wenn man nicht zuhört, fängt er an zu schreien...‹

Ich weiß, daß er morgens und abends eine Creme über den ganzen Körper verteilt, denn er hat eine ›Cutos anserina‹, zu deutsch: Gänsehaut...

Nachmittags Milch statt morgens

Sie sagte: »Ich sehe nichts.«
Ich stellte mich unter eine Bogenlampe.
Sie sagte: »Was soll ich denn sehen?«
Ich sagte: »Sie müssen genauer hinsehen.«
Sie sagte: »Ich sehe nichts.«
Ich sagte: »Vor einem halben Jahr kam ich vom Milchmann. In dem Milchgeschäft mußte ich auf etwas Weiches getreten sein. Auf der Straße dachte ich: Mach das ab. Ich scheuerte mit dem Schuh über das Pflaster. Aber es ging nicht ab. Ich dachte, dann mach es zu Hause ab. Da kam ein Auto, und ich ging schneller und stürzte.
Hast du vielleicht die Milch ins Gesicht gekriegt, überlegte ich, weil ich nichts sehen konnte. Jemand sagte: ›Lassen Sie Ihre Hände unten.‹ Ich wurde auf eine Bahre gelegt und im Unfallwagen hielt mir der Sanitäter beide Hände fest. Ich sagte: ›In meinem Gesicht ist die ganze Milch.‹ Und dabei fiel mir ein: du wolltest jetzt Kaffeewasser aufsetzen. Als ich aus dem Unfallwagen getragen wurde, legte eine Schwester eine Decke über mein Gesicht. Eine andere Schwester nahm die Decke aber im Fahrstuhl wieder ab. Dann sagte ein Arzt zu einem anderen: ›Das ist was für Sie.‹
Kaum war ich aus der Narkose erwacht, dachte ich wieder an die Milch. Nach sechs Tagen wurde der Verband abgenommen. Danach dachte ich auch noch daran. Ich sagte dem Arzt, woran ich dachte, der sagte zu dem anderen: ›Ist das nichts für Sie?‹«
Ich hielt mein Gesicht noch mehr ins Licht der Bogenlampe und fragte: »Sehen Sie wirklich nichts?«
Sie sagte: »Was soll ich denn sehen? Ich sehe nichts.«

»So sah ich vorher aus«, sagte ich, und zeigte ihr ein Foto.
»Sie sind es«, sagte sie.
»Ich hatte Sie doch zum Kaffee eingeladen«, sagte ich.
»Ich konnte nicht kommen«, sagte sie. »Es war etwas dazwischen gekommen. Ich wollte noch kommen, aber schließlich sagte ich mir, dann kommst du und er ist weg.«

Wer war der Mann?

Ich lief die Treppen hinunter. Es war doch kälter als ich dachte. Ich steckte eine Mark in den Zigarettenautomaten, aber sie fiel durch.
Ich lief zurück. Die Haustür war abgeschlossen. Ich hatte keinen Schlüssel und pochte gegen die Tür. Wer konnte inzwischen die Haustür abgeschlossen haben?
Ein schwarzer Wagen fuhr langsam vorbei. Ich rief. Er hielt.
»Schreien Sie doch nicht so«, sagte der Fahrer.
Ich sagte: »Ich kann nicht 'rein, jemand hat die Haustür abgeschlossen, als ich Zigaretten holen wollte.«
»Wo wollen Sie denn jetzt hin?«
»Zur Polizei.«
»Ich würde erstmal beim Nachbarn klingeln.«
»Um diese Zeit?«
»Dann gehen Sie zur Polizei.«
»Ich habe doch nichts Richtiges an.«
Der Fahrer nahm einen Dietrich aus dem Handschuhkasten.
Ich sagte: »Wenn es klappt, kriegen Sie zehn Mark.«
Mit hochgezogenen Schultern stellte er sich vor die Haustür und blinzelte. Plötzlich stand er auf Zehenspitzen und sagte: »Es hat geschnappt.«
Neugierig öffnete er die Tür.
Ich sagte: »Es ist doch kälter als ich dachte« — und lief die Treppen hinauf. Aber die Wohnungstür war zu. Entweder hatte sie inzwischen jemand zugemacht oder sie war zugefallen.
Ich kehrte um und sagte zu dem Fahrer, daß ich auch nicht in die Wohnung käme, ich hätte die Tür vorhin nur angelehnt und nun sei sie zugefallen.

»Da oben ist eine Tür zugefallen, als ich die Haustür öffnete. Das war die Zugluft.« Der Fahrer griff wieder zu seinem Dietrich.
»Mit dem Dietrich ist hier nichts zu machen«, sagte er, »das ist ein Sicherheitsschloß.«
»Vielleicht geht es mit einem Brecheisen; zwischen dem Rahmen und der Türkante ist ein Platz.«
Er holte ein Brecheisen.
Ich sagte: »Es ist doch kälter, als ich dachte.«
»Das ist die Zugluft«, sagte er.
Er zog wieder die Schultern hoch, dann ging er in die Knie, dann sagte er: »Sie stehen im Licht.« Dann fiel das Brecheisen herunter, dann schnitt er mit seinem Taschenmesser ins Holz.
Die Tür sprang auf.
Ich sagte: »Ich gebe Ihnen zwanzig Mark.« Aber ich hatte nur einen Fünfzigmarkschein.
»Ich kann nicht wechseln«, sagte der Fahrer.
»Taxifahrer müssen wechseln können.«
»Ich bin kein Taxifahrer.«
Er hob das Brecheisen auf und nahm mir den Fünfzigmarkschein aus der Hand.
Ich sagte: »Es ist doch kälter als ich dachte.«

Boxkampf

Ein Aufwärtshaken streift mein Kinn. Dann platzt eine schwere Rechte gegen meine Brust.
Ich setze zwei weithergeholte Rechte nacheinander auf das linke Ohr und gehe mit beiden Fäusten gegen den Brustkorb vor.
Ein zerquetschter Ton jupst heraus. Ich habe ihn erleichtert, und tauche unter einem linken Haken hindurch.
Drei Stoppstöße gegen seine Niere werde ich los. Die genieße ich. Er pumpt sich mit Luft voll.
Ich fange einen rechten Schwinger ab. Eine Schlagfolge kann ich aber nicht abducken. Mein Kopf kippt auf seine Schulter. Er stößt ihn weg. Seine Faust steht auf meiner linken Augenbraue. Ich bleibe aber stehen.
Der Wunsch, unbeweglich zu bleiben, zieht durch meine Glieder. Die Gedanken werden faul. Aber ich habe meine Rechte für einen Leberhaken frei. Sie sitzt im Anschlag. Ich stoße sie gegen seine Leber.
Er klammert sich an mich. Mir bleibt der Atem stehen. Ich hebe den Kopf. Er stößt mit dem Kopf gegen mein Kinn. Ich taumele.
Jemand schreit. Die Stimme ist dicht an meinem Ohr. Mehrere schreien.
Ich pumpe mich mit Luft voll. Ein zerquetschter Ton jupst heraus. Ich bin erleichtert.
Ein Polizist sagt: »Das war ein Überfall.«
Ich bleibe unbeweglich.
Der Polizist ist weg. Er sucht den Mann.
Ein anderer Polizist spricht mit dem Zeugen, der die Polizei gerufen hat.
Der Wunsch, unbeweglich zu bleiben, läßt nach.
»Sie können noch nicht gehen«, sagt der Polizist.

Krieg im Dampf

Der Bademeister öffnete die Tür zur Sauna.
Ich setzte mich auf eine Bank in der dritten Reihe.
Der krumme Rücken vor mir richtete sich auf. Ich stieß dagegen.
»Da war der Einschuß«, sagte der Mann.
Der Mann neben mir atmete stoßweise. »Ich habe nicht geschrien«, sagte der Mann. »Es schrien schon genug.«
Der Mann, der hinter ihm saß, sagte: »Ich flog durch die Luft. Dann hielt man mich für tot.«
Ich legte mich auf die Bank.
»So habe ich dagelegen«, sagte ein Mann, und legte sich auch hin. »Als sie mich fanden, durfte ich keine falsche Bewegung machen.«
»So haben sie dagelegen«, sagte ein Mann in der ersten Reihe, »und ich habe die Zähne zusammengebissen.«
Ich richtete mich halb auf.
Ein Mann, der nach mir gekommen war, sagte: »Ich habe alles versucht, doch ich kam nicht wieder hoch. Das war aber mein Glück.«
Ein Mann, der in der obersten Reihe saß, sagte: »Ich habe mir jedesmal gesagt, Krieg ist Krieg.«
Ich stand auf und hob meine Hände hoch.
Der Bademeister öffnete die Tür.
Mit erhobenen Händen ging ich durch die Tür.
»Einen von uns hatten sie an die Wand gestellt«, sagte der Bademeister.
Ich lehnte mich gegen die Wand.
»Nehmen Sie Ihre Hände herunter«, sagte der Bademeister.
Ich drehte mein Gesicht zur Wand.

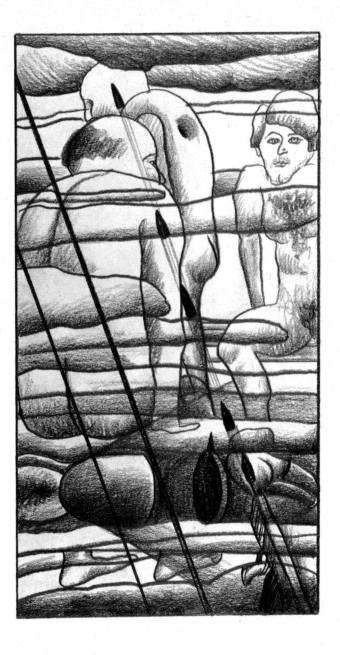

»So sieht es aus, wenn man an die Wand gestellt wird«, sagte der Bademeister.
Ich öffnete die Tür zur Sauna und schrie: »Das ist ja zum Lachen.«
Sie schrien. Ich schrie nicht mehr. Es schrien schon genug.
Da schrie der Bademeister.
Ich flog durch die Luft.
Ich biß die Zähne zusammen.
Dann hielt man mich für tot.
Ich durfte keine falsche Bewegung machen.

Sehenswürdigkeiten

Er hielt ein hartgekochtes Ei in seiner linken Hand und ein zusammengeklapptes Butterbrot in seiner rechten Hand und biß regelmäßig von dem Ei und dem Butterbrot kleine Häppchen ab.
Dann legte der Herr seinen Kopf zurück und schloß die Augen.
»Soll ich Sie wecken, wenn wir da sind?« fragte ich.
»Nein, danke«, sagte der Herr, »ich wache ganz von selbst rechtzeitig wieder auf.«
Er kreuzte seine Arme über der Brust.
Draußen war ein Abend mit einer roten Sonne, und ich zählte die beschrankten Bahnübergänge; auf einem Feldweg fuhr ein Mann mit einem Motorrad.
»Gleich muß der Lokführer bremsen«, sagte der Herr, »ich kann mir ausrechnen, wo wir sind, hier geht er auf vierzig Stundenkilometer herunter, und wenn er die Geschwindigkeit wieder erhöht, dauert es noch fünf Minuten und wir sind da.«
»Sie hätten eben die Sonne sehen sollen«, sagte ich, »und den Motorradfahrer auf dem Feldweg.«
Der Herr antwortete nicht.
»Noch vier Minuten«, sagte ich.
Nun öffnete der Herr die Augen und fragte: »Kommt es Ihnen so genau darauf an?«
Ich sagte, daß ich mit jeder Minute rechnen muß.
Der Herr sagte: »Vom Bahnsteig 3 aus, wo der Zug halten wird, müssen Sie genau zwei Minuten rechnen, bis Sie den Bahnhof verlassen haben und vor der Bushaltestelle stehen. In der Stadt gibt es drei ›A‹-Hotels und acht ›B‹-Hotels. Falls Sie ein sogenanntes ›B‹-Hotel aufsuchen wollen, nehmen Sie das ›Stadthotel‹. Der Bus

geht alle zehn Minuten auf voll und braucht bis zu dem Hotel sechs Minuten. Fürs Eintragen, Fahrstuhlfahren und Erfrischen rechne ich eine halbe Stunde. Dann ist es kurz nach neun. Ich kam letztesmal um die gleiche Zeit an wie Sie, und nach dem Abendessen machte ich einen Spaziergang zum Schloß. Es verging eine halbe Stunde, bis ich dort war. — Und vom Schloß zum Fluß, das waren für mich vierzig Minuten. Die Sehenswürdigkeiten der Stadt befinden sich fast alle an der Uferpromenade. Um halb zwölf lag ich im Bett. In dieser Stadt kann man alles am besten auf dem Weg zum Schloß mit dem Blick über die Stadt oder bei einem Spaziergang am Flußufer besprechen. Vom Bahnhof aus erreicht man die beiden Krankenhäuser mit dem Bus innerhalb von knapp zehn Minuten. Das Stadttheater liegt gegenüber vom Rathaus.«
Ich brauchte genau zwei Minuten bis zur Bushaltestelle, und der Bus kam nach vier Minuten. Ich war kurz nach neun in meinem Zimmer mit dem Waschen fertig. Ich ging mit der Dame, die auf mich gewartet hatte, in einer halben Stunde zum Schloß, und wir genossen den Blick über die Stadt: Das dauerte nicht einmal eine halbe Stunde. Vom Schloß zum Fluß waren es vierzig Minuten. Die Dame erklärte mir die Sehenswürdigkeiten an der Uferpromenade, und ich sagte ihr zwischendurch, wie schnell man vom Bahnhof in die beiden Krankenhäuser kommen könne und zum Rathaus und ins Theater.
»Sie sind also doch schon einmal hier gewesen?«
Ich sagte, daß ich im Zug einen Herrn kennengelernt hätte, der alles auf die Minute genau wußte.
Die Dame sagte: »Ich kenne die Stadt aber besser.«
Ich sagte: »Der Herr im Zug hat gesagt, in dieser Stadt kann man alles am besten auf dem Weg zum Schloß mit

dem Blick über die Stadt oder bei einem Spaziergang am Flußufer besprechen.«
Ich setzte mich auf eine Bank am Ufer, legte den Kopf zurück, schloß die Augen und sagte: »Sie brauchen mich nicht zu wecken, ich wache ganz von selbst rechtzeitig wieder auf.«
Die Dame entfernte sich.
Ich rief ihr nach, daß ich ja gar nicht schlafen wolle, ich hätte doch nur versucht, mich in den Herrn im Zug hineinzuversetzen.
Dann fragte ich mich: Warum bist du ihr nicht nachgelaufen.
Ich blieb sitzen und kreuzte die Arme über der Brust.

In gleicher Höhe

Um nicht auf ihn herabblicken zu müssen, blickte ich aus dem Fenster.
Er wollte nicht an mir heraufblicken und blickte auf den Abstand zwischen seinen Schuhen und dem Boden.
Auf diesen Abstand blickte ich, als der Kontrolleur eintrat. Der beugte sich vor, um seine Fahrkarte zu prüfen, und ich beugte mich herab, damit er meine Fahrkarte in gleicher Höhe mit seiner Fahrkarte prüfen konnte.
Wir blickten dem Kontrolleur nach.
Ich schloß dann die Augen, um nicht wieder aus dem Fenster blicken zu müssen. Als ich feststellen wollte, ob er mich anblickte, schloß er die Augen.
Ich schloß auch wieder die Augen und rutschte tiefer.
Als ich die Augen öffnete, um zu sehen, ob wir nun in gleicher Höhe saßen, rückte er höher.
Er hätte nicht höher zu rücken brauchen, denn seine Haare standen hoch, weil er mit seinem Hinterkopf gegen das Polster gescheuert hatte; dadurch war schon die gleiche Höhe erreicht.
Der Abstand zwischen seinen Schuhen und dem Boden war größer geworden.
Auf diesen Abstand blickte ich, als der Zug hielt.
Er stand auf.
Ich rutschte höher, bis ich in gleicher Höhe mit seinem Kopf war.
Aber da ruckte der Zug an, und ich rutschte tiefer.
Er blickte auf mich herab. Dann setzte er sich ins Nebenabteil.

Straffmuskelig, zum Sprung bereit

»Sehen Sie den Tiger da?« fragte die Dame.
Ein Tiger bewegte sich federnd durch den Käfig.
»Er hat einen bunten, wollenen Leib«, sagte ich.

»Und das da ist ein Orang-Utan-Weib«, sagte die Dame. »Es schnalzt ganz laut.«
Der Orang-Utan-Mann saß in einem Strohbett, aber plötzlich stand er auf, und die Dame sagte: »Gleich gibt es was!«
Der Orang-Utan-Mann schaute verlangend nach dem an der Decke hängenden Orang-Utan-Weib. Ein Schwung, und seine Hände umfaßten den Balken. Mit dem nächsten Schwung kam er ganz an das Orang-Utan-Weib heran und klammerte seine Beine um ihren Rücken, und so hingen sie Brust an Brust unter der Decke.
»Wie zwei atmende Tauben schaukeln sie durch die Luft«, sagte die Dame.

»Hingerekelt, sattes Verweilen dumpfmatschiger Glieder«, sagte ich: »Der Löwe in der Sonne.«

»Und da«, sagte die Dame, »senkrecht in die Höhe springend, ohne den Kletterbaum zu benutzen: eine Leopardin in der Sonne.«

»Straffmuskelig, zum Sprung bereit, steil abfallenden Hügeln entgegenstürzend«, sagte ich, »der Panther in der Sonne auf einem Kletterbaum.«

Die Dame und ich hoben gleichzeitig die Hand? glitschig glänzend? Schlangen in der Sonne unter einem Glashimmel innerhalb einer festummauerten Halle; in Knäueln, für sich, zu dritt, zusammengerollt, beim Aufrollen oder Abrollen halb herunterhängend, züngelnd, ohne zu zischen.

Das Restaurant in der Sonne: weiße Spaghetti, geschlängelt unter geriebenem Käse, der die rote Sauce bindet; blutrotes Roastbeef und rotglühende Hummer und Rehgulasch, kasserolt ... von weitem Wüstenvögel.

Die Dame in der Sonne: sie zerteilte ein Kluftsteak. Der dünne rote Saft sickerte auf den Teller und wurde von einer halbzerdrückten Kartoffel aufgewischt.
»Sie sind öfter hier?« fragte die Dame.
»Meistens im Sommer«, sagte ich.
»Hier ißt man gut«, sagte die Dame.
»Es ist reichlich«, sagte ich.
»Und alle essen Fleisch«, sagte die Dame.

Die Dame hatte eine Zweizimmerwohnung mit Balkon. Wir auf dem Balkon: ihr Strandanzug, gelb-rot gesprenkelt, die Augen in Richtung zum Tierpark sinnend; ich hinter ihr, mit bloßem Oberkörper, die Beine um ihre Hüften geklemmt, Brust an Rücken, braun zu rot, schweißgebunden.
»Was machen Sie denn da«, sagte ich.
»Ich esse«, sagte die Dame, »kann man das hören?«

Zwischen Fensterbank und Schreibtischkante

Der Schreibtisch stand schräg zur Fensterbank.
Ich zwängte mich zwischen die Schreibtischkante und die Fensterbank. Das Fenster ging nach innen auf. Ich öffnete es, und die Kante des Fensters schlug gegen die Schreibtischkante.
Ich versuchte den Schreibtisch zurückzuschieben. Ein Fuß des Schreibtisches hatte sich in den Bodenbelag gebohrt. Ich hob den Fuß hoch. Und schob. Der Bodenbelag war verrutscht.
Ich setzte mich in den Schreibtischstuhl. Da ich aber den Schreibtisch weggeschoben hatte, saß ich vor der Schreibtischkante.
Ich schloß das Fenster und schob den Schreibtisch wieder näher an die Fensterbank heran und ließ den einen Fuß in die Stelle zurücksinken, wo er ein Loch gebohrt hatte.
Die drei anderen Schreibtischfüße standen aber nicht in den Stellen, die sie mit der Zeit eingedrückt hatten. Ich hob den Schreibtisch an und zog den Bodenbelag gerade; aber die drei anderen Füße standen nicht genau in den Stellen, die von ihnen eingedrückt worden waren.
Ich versuchte mit meinen Hacken die Ränder der eingedrückten Stellen glattzutreten.
Ich zwängte mich zwischen die Schreibtischkante und die Fensterbank. Ich stieß mit dem Rücken gegen die Schreibtischkante. Ich war wegen des stechenden Schmerzes benommen und rutschte an der Schreibtischkante herunter.
Ich stieß mit dem Kopf gegen die Schreibtischkante.
Ich fiel vornüber.

Meine Jacke war mir über den Kopf gerutscht. Der Kragen blieb an der Schreibtischkante hängen. Er riß.
Ich sackte tiefer. Ganz riß er nicht.
Ich hing halb an der Schreibtischkante. Halb saß ich.

Dieser Hund

Er sah mich, blieb stehen und schnupperte. Ich fand seine Nasenlöcher zu groß, und er hatte einen kugeligen Kopf, der mit harten Haarstoppeln besät war. Er lief dann neben mir her. Ich kaufte eine Tüte Erdnüsse, und der Gemüsehändler sagte: »Den Hund muß man sich immer wieder ansehen.«
Ich sah den Gemüsehändler daraufhin an und der Hund sah ihn an.
Der Hund sah mich an. »Komm her«, sagte eine Frau und hielt ihre Tochter fest, »das ist kein Hund.«
»Was ist das für ein Hund«, sagte ein Mann.
Daraufhin sah der Hund den Mann an. Beide sahen sich so lange an, bis ich weiterging.
Der Hund und ich sahen einen Wirt, der Gläser von einem Gartentisch abräumte. Der Wirt merkte, daß wir ihn ansahen und brachte eine Schüssel mit Wasser. »Ich kenne Hunde«, sagte er.
Der Hund schlappte das Wasser, und der Wirt trank ein Glas aus. Fast im gleichen Augenblick waren sie damit fertig und sahen sich an.
Der Wirt fragte den Hund: »Kenne ich Hunde?« Daraufhin drehten sie sich um.
Der Hund stellte sich an einen Baum. Er lief mir nicht nach, er schnupperte und wartete, bis ich mich umdrehte. Er kam dann und lief neben mir her.
Als ich mich umdrehte, weil er schon wieder einen Mann ansah, sagte der Mann: »Was der Hund sich wohl denkt.«
Sie sahen sich an. Ich sagte zu dem Hund »Sieh hierher.«
Er wußte aber nicht wohin und sah mich daraufhin genauer an.

Wir gingen zurück in das Gartenlokal. Der Wirt sagte: »Ihr Hund da ist in meinen Augen gar kein richtiger Hund«, und setzte sich.
Der Hund saß zwischen uns. Wenn Leute stehen blieben, knurrte der Hund, und der Wirt sagte: »Er fühlt sich zu uns hingezogen, da ist irgend etwas.« Daraufhin sahen wir uns alle an.

Dosen im Wald

Am Waldesrand stehen zwei Wochenendhäuser. Es sind die letzten Wochenendhäuser einer Reihe von Wochenendhäusern, die sich an der Straße hinziehen, auf der anderen Seite begrenzt von einem Hang, der ungefähr zwanzig Meter tief hinunter zur Autobahn führt.
Ich ging durch den Wald und staunte über einen besonders zerfallenen Baumstumpf und das dichte Unterholz.
Ich bekam Hunger und setzte mich unter eine Buche. Ich packte die Konservendosen aus und fing mit dem Cornedbeaf an. Ich aß es ohne Brot, aber zum Aal in Gelee aß ich eine Scheibe, und zum Schluß aß ich die Pfirsiche. Zwischendurch ließ ich meine Blicke wandern, vorbei an Bäumen, die plötzlich rötlich-blau waren, und dann ins Farnkraut, das ziemlich hoch stand.
Es raschelte. Ich blickte durch mein Fernglas. Ein Mann stand im Farnkraut. Er trug einen Lodenmantel und einen Rucksack. Der Mann stellte den Rucksack auf den Boden. Der Rucksack sah aus wie der Mann im Lodenmantel mit dem Kinn auf der Brust.
Ich legte mich ins Moos und schlief ein.
Als ich erwachte, stand der Mann im Lodenmantel, den Rucksack auf dem Rücken, neben einem Mann in einem weißen Oberhemd, das Jackett über der Schulter.
»Hier haben Sie gegesssen«, sagte der Mann im weißen Oberhemd und legte sein Jackett auf das Moos.
Ich sammelte die Konservendosen ein.
Der Mann im Lodenmantel mit dem Rucksack hielt mein Fernglas in der Hand und schaute auf die Baumkronen.
»Das ist mein Ausweis«, sagte der Mann im weißen Oberhemd, »ich bin von der Polizei, wo ist Ihr Ausweis?«

Ich zeigte ihm meinen Ausweis, und der Mann im weißen Oberhemd sagte: »Sie haben nichts weiter bei sich als Ihren Ausweis und das Fernglas; und die Konservendosen.«
Der Mann im weißen Oberhemd nahm die Konservendosen und das Fernglas mit und ging zu den Wochenendhäusern!
Der Mann im Lodenmantel hob das Jackett auf und ging bis zum Farnkraut und ließ seine Blicke zwischen dem Hauptweg und mir hin und her wandern.
Der Mann im weißen Oberhemd kam mit einem Mann mit einer Baskenmütze wieder. Der Mann mit der Baskenmütze gab mir das Fernglas zurück und sagte: »Das ist nicht mein Fernglas, die Konservendosen sehen aber alle gleich aus. Sie können gestohlen worden sein. Nur Aal in Gelee ißt niemand von uns, und es ist halb sieben, und so früh essen Sie schon?«
Der Mann im Lodenmantel ging auf den Mann mit der Baskenmütze zu.
»Wer ißt morgens um halb sieben schon im Wald«, sagte der Polizeibeamte.
Er ging mit dem Mann im Lodenmantel und mit dem Mann mit der Baskenmütze wieder zu den Wochenendhäusern.
Ich blickte durch mein Fernglas. Der Mann im Lodenmantel mit dem Rucksack stand vor dem einen Wochenendhaus und blickte durch sein Fernglas.
Der Polizeibeamte stand vor dem anderen Wochenendhaus. Der Mann mit der Baskenmütze stand dazwischen und blickte von dem Mann im Lodenmantel auf den Polizeibeamten.
Meine Blicke wanderten.

Das Klingeln und ich

Es klingelte. Als ich öffnete, war niemand da. Ich ging nach unten. Vor der Haustür stand ein Mann. Ich fragte ihn, ob er bei mir geklingelt hätte. Er sagte: »Wer sind Sie denn«, und drehte sich wieder um.
Ich ging nach oben und sagte mir, er ist gegen den Klingelknopf gekommen, und es regnet.
Es klingelte. Als ich öffnete, war niemand da. Ich ging nach unten. Vor der Haustür stand ein Mann. Ich wollte ihn fragen, ob er bei mir geklingelt hätte. Aber die Straßenbahn kam und der Mann stieg ein.
Es klingelte. Als ich öffnete, war niemand da. Ich ging nach unten. Vor der Haustür stand ein Mann. Ich fragte ihn, ob er bei mir geklingelt hätte.
»Ich kenne Sie gar nicht«, sagte er.
Ich sagte mir, nachts stehen oft Leute vor der Haustür, weil sie Angst haben. Sie wollen nicht an der Straßenbahnhaltestelle stehen.
Es klingelte. Als ich öffnete, war niemand da. Ich ging nach unten. Vor der Haustür stand ein Mann. Ich fragte ihn, ob er bei mir geklingelt hätte. Er sagte: »Ich habe mich vorgebeugt, um zu sehen, wo die Straßenbahn bleibt, dabei muß ich gegen Ihre Klingel gekommen sein.«
Ich ging nach oben und sagte mir, es gibt auch Leute, die nicht an der Straßenbahnhaltestelle auf- und abgehen wollen, und es gibt Leute, die keine Angst haben, nachts an der Straßenbahnhaltestelle zu stehen; sie stellen sich vor die Haustür und beobachten Leute, die an der Straßenbahnhaltestelle Angst haben. Und ich sagte mir, es gibt Leute, die sich vor die Haustür stellen, um Zeitung zu lesen, weil es vielleicht gleich regnen wird

oder schon regnet oder nicht regnet, aber zieht. Und der Bürgersteig ist zu schmal, um sich dort hinzustellen und Zeitung zu lesen.
Es klingelte. Ich sagte mir, du stehst auch vor der Haustür, wenn du auf die Straßenbahn wartest, und du erschreckst die Leute, wenn du sie fragst, ob sie geklingelt hätten, denn bei dir kann es nicht so häufig klingeln, du wohnst ja erst seit heute hier.

In der Wand und an der Wand

Ich schaltete die Nachttischlampe ein und wartete, bis es wieder knackte.
Um hellhöriger zu werden, streckte ich die Arme und Beine aus und legte den Kopf nicht zurück.
Es knackte. In der Decke knackte es. So knackte es öfter genau über mir, wenn auf eine bestimmte Stelle des Fußbodens getreten wurde. Aber deswegen hatte ich kein Licht gemacht; es knackte in der Wand hinter mir.
Ich drehte mich nicht um. Das Knacken in der Wand wiederholte sich.
Ich wartete, ob es noch einmal knacken würde.
Knack, knack..., machte es in der Wand, und immer deutlicher und in immer größeren Abständen.
Ich klopfte gegen die Wand. Es knackte nicht mehr.
Ich legte mich wieder hin und streckte die Arme und Beine aus und legte den Kopf nicht zurück.
In der Wand hinter mir begann es zu rieseln. Es war ein kurzes Rieseln; daraufhin rauschte es so kurz wie es gerieselt hatte.
Ich drehte mich um. An der Wand war alles unverändert.
Ich sprang aus dem Bett und machte die Tür auf.
An der anderen Seite der Wand hatte sich ein Garderobenbrett gelöst. Es baumelte nur noch an einem Nagel. Die Mäntel waren heruntergefallen und von Mörtel übersät. Ich schüttelte sie. Das half nichts. Ich bürstete sie ab. Der Mörtel ging nicht ganz ab. Ich pustete ihn ab.
Ich ging wieder ins Bett und streckte die Arme und Beine aus und legte den Kopf nicht zurück.
Ich pustete über die Bettdecke.

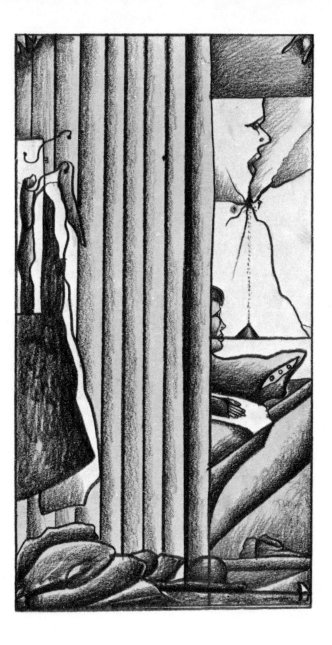

Ich löschte das Licht und legte den Kopf zurück. Ich drehte mich auf die rechte Seite, mußte aber an den Nagel denken, der das Garderobenbrett rechts nicht mehr gehalten hatte, und drehte mich auf die linke Seite.
Es knackte schon wieder. In der Decke hatte es nicht geknackt.
Ich hob den Kopf. Es machte noch einmal: knack. In der Wand hinter mir begann es zu rieseln. Es war ein kurzes Rieseln. Daraufhin rauschte es so kurz wie es gerieselt hatte.
Ich konnte nicht mehr lange im Dunkeln mit erhobenem Kopf sitzen. Mein Kopf sank zurück. Er sank auf etwas Hartes, das kalt war und nachgab.
Ich schaltete die Nachttischlampe ein. Das Kopfkissen war von Mörtel übersät und unter dem Mörtel lag ein Bild.
Ich sah das Loch in der Wand und suchte den Nagel. Ich fand ihn nicht und nahm das Bild vom Kopfkissen.
Ich schüttelte das Kopfkissen aus. Das half nichts. Ich bürstete meine Haare. Der Mörtel ging nicht ganz heraus.
In der Decke knackte es. Jemand trat auf die bestimmte Stelle des Fußbodens. Genau über mir.

Auf dem Sargdeckel

Nach der Bestattung schritt der Bestattungsunternehmer vor dem Pfarrer und dem Bruder des Toten, die nebeneinander gingen, zum Friedhofsausgang. Ich grüßte. Der Bestattungsunternehmer grüßte; die anderen hatten mich nicht gesehen.
Ich grüßte. Der Totengräber grüßte. Er stand auf dem Sargdeckel und schaufelte Erde vom Grabrand neben den Sarg. An den beiden Längsseiten war schon genug Erde.
Nun kam noch Erde nach vorn und hinten.
Ich sagte: »Sie stehen auf dem Sargdeckel.«
Friedhofsbesucher gingen vorbei und grüßten. Ich grüßte.
Der Totengräber grüßte nicht. Er stand jetzt breitbeinig auf dem Sargdeckel und schaufelte noch Erde nach vorn und hinten.
Ich sagte: »Als Sie mitten auf dem Sargdeckel standen, fürchtete ich, er bricht durch.«
»Er könnte splittern«, sagte der Totengräber, »aber soweit läßt man es nicht kommen. Wenn es knackt, geht man 'runter. Und man wird dabei auch nicht aufgehalten.«
Der Totengräber ging noch nicht. Er warf die Schaufel auf den Grabrand und schaufelte von dort Erde auf den Sarg. Friedhofsbesucher gingen vorbei und grüßten. Der Totengräber hatte das Grab zugeschaufelt und legte die Kränze auf den Hügel. Als er damit fertig war, grüßte er und ging zu einem offenen Grab in derselben Reihe und stellte sich auf den Sargdeckel.
Ein Bestattungsunternehmer grüßte den Totengräber. Er schritt vor zwei Frauen her, die nebeneinander gin-

gen, und grüßte mich. Ich grüßte. Sie gingen zu einem Grab in derselben Reihe.
Der Sargdeckel, auf dem der Totengräber stand, knackte.
Ich ging zu dem Totengräber und sagte: »Es hat geknackt.«
Er stand aber schon breitbeinig auf dem Sargdeckel und sagte: »Als es knackte, stellte ich mich sofort breitbeinig hin.«
Der Bestattungsunternehmer ging mit den beiden Frauen wieder an uns vorbei und grüßte.
Ich grüßte.

Zwischen Denkmal und damals

Zwischen der Eiche, die einen Auswuchs hatte, und dem Denkmal standen Bänke.
Auf dem Rasen, der das Denkmal umgab, saß ein Hund. Er hatte lange Haare am Bauch.
Eine Dame saß mit dem Rücken zum Hund. Sie hatte aufgebrauchte Augen.
Ich wollte aufstehen, aber da erhob sich der Hund und bellte.
Ich setzte mich wieder. Er setzte sich auch.
Die Dame sagte: »Ich kenne Sie.«
»Ich kenne diese Anlage«, sagte ich.
»Als Kind gingen Sie durch diese Anlage zur Schule«, sagte die Dame. »Wenn Sie schnell gingen, waren es zwölf Minuten. Ich kenne Sie.«
»Aber später ging ich auf eine andere Schule...«
»...Sie mußten aber trotzdem durch diese Anlage gehen. Und Sie gingen so, wie Sie vorher gegangen sind...«
»...Zu der Schule dauerte es aber länger. Und später ging ich durch diese Anlage zum Bahnhof...«
»...Sie mußten immer schnell gehen. Und da, wo heute der Rasen ist, waren damals Sträucher, und die Anlage war eingezäunt. Ich kenne Sie!«
Ich wollte aufstehen. Aber da erhob sich der Hund und bellte.
»Das ist nicht mein Hund«, sagte die Dame.
Ich setzte mich wieder.
Sie schloß die Augen. Sie öffnete die Augen wieder. Sie waren wie aus Blech. Die Angst an der Oberfläche war erfroren. — »Ich habe keine Angst«, sagte die Dame. »Ich kenne Sie.«

»Ich kenne diese Anlage«, sagte ich.
»Und nun sitzen Sie hier. Bleiben Sie doch sitzen! Sie wollten immer schon einmal so hier sitzen als Sie noch jeden Tag durch diese Anlage gegangen sind.«
Ich schloß die Augen. Und ich sah mich durch diese Anlage gehen. Zuerst waren es zwölf Minuten ... Ich öffnete die Augen wieder.
Die Dame sagte: »Nicht so schnell..«
Der Hund bellte und erhob sich nicht.

Riß im Fingernagel

Ich zog meine Hand aus der Manteltasche. Aber der Zeigefinger blieb am Futter hängen. Im Fingernagel war ein Riß.
Ich kaufte eine Nagelfeile. In einem Hausflur feilte ich an dem Riß und steckte meine Hand wieder in die Manteltasche, zusammen mit der Nagelfeile.
Ich glitt mit dem angefeilten Nagel über das Futter. Er war zu spitz geworden, und mit der Nagelspitze stieß ich gegen die Spitze der Nagelfeile.
Ich zog die Nagelfeile aus der Manteltasche und steckte sie in die Brusttasche.
Ich kaufte eine Nagelschere. In einem Hausflur wickelte ich die Nagelschere aus.
Mein Zeigefinger blutete.
Ich wußte nicht, ob die Wunde entstanden war, als ich mit der Nagelspitze gegen die Spitze der Nagelfeile gestoßen war, als ich sie in die Manteltasche gesteckt hatte, oder ob ich gegen die Spitze der Nagelschere gestoßen war, als ich sie ausgewickelt hatte.
Ich schnitt die Nagelspitze ab und wickelte die Nagelschere zusammen mit der Nagelfeile in mein Taschentuch und steckte es in die Manteltasche. Die blutende Spitze meines Zeigefingers preßte ich gegen das Taschentuch.
Ich trat aus dem Hausflur. Ein Mann sagte: »Sie bluten ja.« Er zeigte auf mein Kinn. Auf dem Mantel sollten auch Blutflecke sein.
Ich zog meine Hand mit dem Taschentuch aus der Manteltasche. Das Taschentuch fiel zu Boden.
»An Ihren Händen ist auch Blut«, sagte der Mann.
Ich wollte das Taschentuch aufheben, aber der Mann

bückte sich. Die Nagelfeile und die Nagelschere waren herausgefallen. Der Mann hob sie auf.

Ich bog um eine Ecke.
Der Mann folgte mir. Ich trat in einen Hausflur. Mit der angefeuchteten Spitze des Mittelfingers versuchte ich die Blutflecken am Kinn wegzuwischen.
Ich blickte zur Tür. Der Mann ging vor der Tür auf und ab.

Rauschen und Tropfen

Die Bäume im Garten rauschten.
Das Wasser rauschte in der Regenrinne.
Der Bach rauschte.
Die Bäume am Waldesrand rauschten und nahmen den kleineren Bäumen dahinter das Rauschen ab.
Auf der Autobahn rauscht es immer.
Im Siel rauschte es.
Das Wasser rauschte in die Badewanne.
Im Fernsehgerät rauschte es.
Ich blieb in der Badewanne sitzen und lauschte, bis das Rauschen vorbei war.

Es tropfte.
Von den Bäumen im Garten tropfte es.
Von der Regenrinne tropfte es.
Von den Bäumen am Waldesrand tropfte es auf die kleineren Bäume dahinter.
Von der Autobahnbrücke tropfte es in den Bach.
Vom Dach tropfte es ins Siel.
Ich stieg aus der Badewanne und stellte das Fernsehgerät ab.
Wassertropfen fielen auf das Fernsehgerät und auf den Fußboden, wo sie eine Lache bildeten, und auf den Teppich; da versickerten sie.
Wassertropfen fielen von den Fensterscheiben auf das Fenstersims.
Der Wasserhahn in der Küche tropfte gleichmäßig.
Ich trocknete meine Hände ab und drehte den Wasserhahn zu.
Ich zog den Stöpsel aus der Badewanne und ließ das Wasser ablaufen.

Ich vergaß mir die Hände abzutrocknen und ließ beide Arme aus dem Bett heraushängen. Die Tropfen von der rechten Hand fielen auf den Bettvorleger, die Tropfen von der linken Hand fielen nicht herunter.
Von meiner Stirn rollte ein Wassertropfen auf die Schläfe.
Ich zerdrückte den Tropfen.

Prall in der Sonne

»Ganz prall fühlt man sich in der Sonne«, sagte Bibi.
»Und deine Arme sind oben so fest wie unten.«
»Sind meine Hüften nicht zu weich?«
»Sie sind auch ganz fest.«
»Vor zwei Jahren war noch nichts fest. Und in der Badewanne saß ich nie lange, weil ich da so hart saß. Aber das wurde langsam besser.«
Bibi trank ein volles Glas.
»Als es schon viel besser war«, sagte sie, »nahm eine Frau meine Hand und streichelte sie und ging bis nach oben, unter die Achselhöhlen, und dann mußte ich den Rock hochheben. ›Wenn man seinen Körper stückweise vorzeigt‹, sagte die Frau, ›braucht man sich nicht mehr zu schämen, man kann ihn auch im ganzen vorführen.‹ Daraufhin hob ich ihren Rock hoch, und die Frau führte ihren Körper auch im ganzen vor.«
Bibi griff nach der Flasche.
»Was ist das?« fragte sie.
»Kognak«, sagte ich.
»Und was ist drin?«
»Ein Rest.«
Sie schüttete den Rest aus und sagte: »Als ich sechzehn war, sagte einer: ›Du bist so rot und voll und süß wie eine Erdbeere.‹ Ich sagte: ›Aber die Farbe mag ich nicht‹, und wollte weglaufen, aber er hielt mich fest.«
Ich grinste.
»Und wenn ich dir diesen Teller mit Erdbeeren ins Gesicht werfe«, sagte Bibi, »bekommst du Kratzer und blutest. Und es ist dieselbe verdammte Farbe.«
»Ich bin ganz kribbelig«, sagte ich und stand auf.
»Kratz dich«, sagte Bibi.

»Das hilft nichts.«
»Dann renn herum.«
»Renn du doch!«
»Soll ich?«
Bibi rannte einmal bis zur Lichtung und zurück und sagte: »Ich müßte längere Beine haben...«
»Wenn du so daliegst, wirken deine Beine viel länger.«
»Aber sie sind oben und unten zu fest. Die Frau, die vor zwei Jahren zuerst meine Hand streichelte, sagte, ich hätte Beine wie ein Mann.«
»Zu fest sind die Beine nicht«, sagte ich und ging bis nach oben.
»Wenn du eine Frau wärst«, sagte Bibi, »wäre ich jetzt ein Mann, aber wenn ein Mann das bei mir macht, was du da machst, bin ich nicht wie eine Frau.«
Ich sagte: »Ganz prall fühlt man sich in der Sonne.«
»Du müßtest jetzt eine Frau haben«, sagte Bibi, »und ich auch.«
Ich rannte herum.

Nicht den Kopf schütteln

»Tut's weh?« fragte der Zahnarzt.
Ich schüttelte den Kopf.
Der Zahnarzt setzte den Bohrer ab und sagte: »Sie dürfen nicht den Kopf schütteln, sagen Sie es doch!«
Ich sagte: »Nein.«
Der Zahnarzt schüttelte den Kopf und sagte: »Wollen Sie damit sagen, daß es nicht weh getan hat?«
Ich sagte: »Ja.«
Er bohrte wieder. Ich sah ihn an.
»Warum sehen Sie mich so an«, fragte er, »ich weiß, daß es weh tut. Blicken Sie lieber an die Decke, oder schließen Sie die Augen.«
Ich blickte an die Decke.
»Ihre Blicke dürfen nicht an der Decke herumwandern; suchen Sie sich einen Punkt aus und lassen Sie die Blicke da liegen. Ihre Hände umklammern ja auch fest die Armlehnen.«
Ich schloß die Augen. Der Zahnarzt schüttelte den Kopf. Ich öffnete die Augen und fragte, warum er den Kopf schüttele.
»Ich dachte, Sie hätten Ihre Augen geschlossen.«
»Ganz schließt man sie doch beim Zahnarzt nie.«
Er bohrte.
Ich schüttelte den Kopf und sagte: »Es tut weh.«
»Wenn Sie so heftig den Kopf schütteln, tut es weh!«
Er betupfte den Zahn und fragte: »Warum sehen Sie mich denn jetzt so an?«
Ich schüttelte den Kopf.
»Man kann nicht einfach den Kopf schütteln, sagen Sie es doch!«
Ich sagte: »Nein.«

»Wollen Sie damit sagen, daß man den Kopf nicht einfach schütteln kann?«
Ich sagte: »Ja.«
Er schüttelte den Kopf.

Suche nach der Abzweigung

Ich sollte den Weg abkürzen und durch das Gehölz gehen und auf die Abzweigung achten.
Es wurde dunkel. Geregnet hatte es schon.
Ich watete im Laub. An einigen Stellen darunter war der Boden glitschig.
Ein Zweig klemmte sich zwischen meinen linken Schuh und dem Hosenrand. Ich riß ihn heraus. Das Hosenbein war hochgeschoben. Ich stampfte auf, aber die Hose fiel nicht wieder über den Schuh. Zwischen dem Schuh und dem Hosenrand hatte sich ein Stück von dem Zweig festgeklemmt.
Die Abzweigung mußte gleich kommen.
Es raschelte in gleichmäßigen Abständen auf dem schmaleren Weg, den ich nicht benutzen sollte. Es war auch kein Weg, sondern ein Pfad, der plötzlich aufhörte.
Ich blieb stehen und fragte: »Wo ist die Abzweigung?«
Ich ging mit meiner Aktenmappe vorm Gesicht durch das Unterholz.
Auf dem Pfad war niemand.
Ich hatte einen Vogel aufgescheucht. Die Flügelschläge knallten wie Schüsse.
Wo war die Abzweigung?
Ich sollte mich auf alle Fälle rechts halten, falls ich die Abzweigung nicht finden würde.
Ich ging mit meiner Aktenmappe vorm Gesicht durch das Unterholz wieder auf den Hauptweg. Vom Hauptweg ging ein schmaler Weg, der nicht wie ein Pfad aussah, rechts ab. Das konnte die Abzweigung sein.
Das Laub wurde dichter. Ich trat fester auf und rutschte aus. Der Boden unter dem Laub war zu glitschig. Ein Zweig traf mein Kinn.

Ich wollte meine Aktenmappe aufheben, fand aber den Bügel nicht. Der Bügel hatte sich in seine Schiene hineingeschoben, ich zog ihn wieder heraus.
Mein Schal hing draußen.
Ich knöpfte meinen Mantel auf, und weil das mit einer Hand nicht ging, stellte ich meine Aktenmappe zwischen die Füße. Sie wollte erst nach vorn überkippen und dann nach hinten. Ich preßte die Füße zusammen. Sie fiel nach hinten, als ich mich bückte.
Ich hob sie auf und dachte, war das nun die Abzweigung oder nicht? Aber ich mußte mich rechts halten, und der Pfad führte nach rechts.
Der Pfad verlief im Halbkreis nach rechts und dann nach links. Er mündete wieder in den Hauptweg.
Es wurde dunkler und fing an zu regnen.
Ich machte kehrt und hielt meine Aktenmappe über den Kopf; die Zweige boten nicht genug Schutz vor dem Regen. Ich schob den Bügel in seine Schiene hinein. Auf dem Bügel hatte sich Regenwasser angesammelt, und auch in der Schiene.
Es raschelte in gleichmäßigen Abständen auf dem schmalen Weg, den ich nicht benutzen sollte.
Ich blieb stehen und fragte: »Wo ist denn die Abzweigung?«
»Da waren Sie schon«, hörte ich.

Entscheidung im Halbschlaf

Ich ziehe die Bettdecke bis an den Hals und denke: Da liegst du nun wieder.
Ich stützte meinen Kopf auf wie beim Lesen und stellte mir vor, wie viele Leute um diese Zeit im Bett lesen; ich stelle mir jedesmal dieselben Leute dabei vor.
Ich lasse meinen Kopf sinken und denke: Jedesmal will der rechte Fuß 'raus. Ich warte, bis er kalt ist, und reibe ihn danach an meinem linken Schienbein wieder warm.
Ich versuche mir einen Rückblick auf den Tagesablauf zu verschaffen und denke: Lege dich auf die linke Seite; mit dem Blick zur Wand gewinnst du Abstand.
Wenn mir aber etwas Wichtiges einfällt, drehe ich mich auf die rechte Seite.
Mir fällt jedesmal etwas Wichtiges ein, und ich bleibe mindestens zehn Minuten auf der rechten Seite liegen und denke: Wann wirst du dich wieder auf den Rücken legen, denn ich drehe mich jedesmal gleich mit einem Ruck wieder auf die linke Seite. Dann rutscht aber immer die Bettdecke herunter, und ich will sie mit den Zehenspitzen aufgabeln, das klappt aber selten und ich beuge mich jedesmal mit geschlossenen Augen aus dem Bett, ziehe sie herauf und klopfe mit den Zehenspitzen und Knien von unten dagegen.
Und kaum liege ich auf dem Rücken, denke ich: Warum ist deine Nase immer verstopft, wenn du auf dem Rücken liegst? Du schnaubst dich vorher jedesmal aus. Und denke ich daran, daß ich mit verstopfter Nase auf dem Rücken liegend schlafen werde, kann ich überhaupt nicht einschlafen.
Ich rauche.
Wenn ich mir die Zigarette mit einem Streichholz an-

zünde, denke ich jedesmal, ich zünde eine Kerze an, und sie brennt bis morgen früh, und ich bin dann tot.
Nach dem letzten Zug denke ich: Drücke den Stummel so aus, daß die Glut auch ausgedrückt wird. Und ist sie nicht vollständig ausgedrückt, drücke ich mit dem Stummel noch ein paarmal auf die Glut; sollte ich die Glut aber nicht treffen, fahre ich mit dem Stummel am inneren Rand des Aschbechers entlang, bis ich sie treffe, und dann drücke ich auf die Glut und drücke und denke: Willst du die Asche nun von den Fingern abwischen? Ich puste sie weg; dürfte die Finger aber nicht so dicht am Rand des Aschbechers halten.
Ich lösche die Nachttischlampe.
Ich lege mich auf den Rücken und ziehe meine Bettdecke bis ans Kinn und denke: Möchtest du dich nun auf die linke oder auf die rechte Seite drehen... bleibe aber erst einmal so liegen; diese Entscheidung will ich im Halbschlaf treffen, ich komme aber nicht dazu.

Gewöhnliche Trauer

Ich stehe auf dem Balkon und blicke auf die Straße.
Gegenüber ist auch ein Balkon. Auf den Balkon tritt eine Frau. Ich blicke die Frau an.
Die Frau blickt auf die Straße. Neben die Frau tritt ein Mann. Der Mann blickt mich an. Hinter ihm steht ein Mädchen. Es bleibt auf der Schwelle zum Balkon stehen.
Der Mann blickt geradeaus.
Ich blicke auf die Straße.
Der Mann blickt auch auf die Straße, und das Mädchen hinter ihm stellt sich auf die Zehenspitzen.
Mein Balkon ist nicht breiter als der Balkon gegenüber.
Es ist ein Ausguck.
Auf der Straße ist ein feuchter Fleck. Da ist jemand überfahren worden.
Ich blicke in den Himmel. Er ist gerade leer und unbeweglich.
Das Mädchen blickt auch in den Himmel.
Der Mann sagt zu dem Mädchen: »Willst du das sehen?« und läßt das Mädchen da stehen, wo er gestanden hat. Er stellt sich auf die Schwelle.
Das Mädchen blickt auf die Straße.
Die Frau blickt mich an. Aber ihr Blick faßt nicht. So hat sie auch auf die Straße geblickt.
Das Mädchen will da stehen, wo die Mutter steht. Die Mutter stellt sich dahin, wo der Mann gestanden hat.
Ich trete ins Zimmer und schließe die Balkontür.
Die Frau gegenüber läßt das Mädchen ins Zimmer treten und schließt die Balkontür.
Ich öffne die Balkontür und trete wieder auf den Balkon.

Der Mann gegenüber öffnet die Balkontür und tritt auch wieder auf den Balkon.
Der Mann blickt auf die Straße. Dann blickt er mich an und blickt wieder auf die Straße.
Ich soll auch auf die Straße blicken.

Niesen vor der Glasvitrine

Ich ließ die Küchenschranktür offen und öffnete die Glasvitrine, um ein Glas herauszunehmen, das einen Sprung hatte. Das Glas mußte ganz hinten stehen, und meine ausgestreckten Finger tasteten sich über die anderen Gläser immer näher an das Glas heran.
Da mußte ich niesen und meine Finger stießen zu. Sie stießen an dem Glas vorbei und stießen gegen die Rückwand der Glasvitrine. Die Gläser wackelten. Umfallen konnten sie nicht, weil sie zu dicht nebeneinander standen. Erschrocken zog ich meine Hand zurück, und die Gläser, die gewackelt hatten, wackelten wieder.
Ich zog das Jacket aus.
Als ich meine Hand wieder halb in der Glasvitrine hatte, mußte ich noch einmal niesen. Mit dem gestärkten Rand der Manschette meines Oberhemds riß ich ein Glas um, neben dem früher ein Glas gestanden hatte, das auch einen Sprung hatte. Ich stellte das Glas wieder gerade hin, zog meine Hand mit nach oben gerichteten Fingerspitzen zurück und krempelte den Ärmel hoch.
Meine ausgestreckten Finger berührten dann das Glas, das ich herausnehmen wollte, aber ich spürte, daß ich wieder niesen mußte. Ich unterdrückte das Niesen, indem ich tief atmete, aber nachdem ich dreimal tief geatmet hatte, mußte ich doch niesen und ließ das Glas los und schlug mit der Nasenspitze gegen die linke Tür der Glasvitrine, die ich nicht geöffnet hatte.
Ich öffnete sie, ohne hinzusehen; fast hätte ich sie nicht weit genug geöffnet, sie wollte wieder zurückfallen.
Die Augen tränten. Meine ausgestreckten Finger erreichten das Glas, hoben es hoch und zogen es über die anderen Gläser heraus.

Ich stellte das Glas auf den Tisch, schloß die Glasvitrine, krempelte den Ärmel herunter und zog das Jackett an.
Ich trocknete die Tränen und schnaubte mich aus.
Ich atmete ief und griff nach dem Glas. Ich hielt es ans Licht und suchte den Sprung. Es hatte keinen Sprung.
Ich öffnete beide Türen der Glasvitrine auf einmal und nahm alle Gläser heraus. Ich wartete, ob ich wieder niesen mußte und atmete tief. Dann hielt ich jedes Glas ans Licht, aber keines der Gläser hatte einen Sprung.
Vielleicht hatte ich vor Angst, wieder niesen zu müssen, die Gläser nicht hoch genug ans Licht gehalten.
Meine Nasenspitze, mit der ich gegen die linke Tür der Glasvitrine geschlagen war, begann zu jucken. Ich rieb an der Nasenspitze und mußte wieder niesen.
Ich stellte alle Gläser in den Schrank zurück und schloß die Tür ab. Ich wollte auch die Küchenschranktür schließen. Ganz hinten, von anderen Gläsern verdeckt, stand ein Glas. Es war das Glas mit dem Sprung. Ich hatte es da aber nicht hingestellt. Jemand nieste.

Die klebrige Kugel

Ich fuhr über meinen Ärmel. Da hing ein Faden. Ich riß ihn heraus. Ich warf ihn in den Aschenbecher. Er blieb auf dem Rand hängen. Ich löste ihn vom Rand. Er klebte an meinem Daumen. Es kribbelte an dem Daumen. Ich drehte den Faden zwischen Daumen und Zeigefinger hin und her. Es wurde eine Kugel.
Ich warf die Kugel in den Aschenbecher. Die Kugel blieb am Rand des Aschenbechers hängen. Ich löste die Kugel mit dem Nagel meines Zeigefingers vom Boden des Aschenbechers ab.
Es kribbelte in dem Zeigefinger. Ich drehte die Kugel zwischen Zeigefinger und Daumen hin und her.
Ich mußte rauchen. Es kribbelte in meinem Daumen und im Zeigefinger. Dazwischen klebte ein Stück Zigarettenpapier. Meine Fingerspitzen waren feucht geworden.
Auf der Unterlippe klebte auch ein Stück Zigarettenpapier. Ich löste es mit meinem Daumen und dem Zeigefinger. Da war aber noch das andere Stück Zigarettenpapier. Ich rollte beide zwischen meinem Daumen und dem Zeigefinger hin und her. Es wurde eine größere Kugel.
Ich warf die Zigarette in den Aschenbecher und wischte Asche von meiner Krawatte.
Die größere Kugel klebte an der Krawatte.
Ich löste die Kugel mit der Spitze meines Zeigefingers ab.
Sie blieb unter dem Nagel sitzen. Da war auch die andere Kugel. Ich sprang zurück.

Ganz versunken

Ich sah sie kommen: zuerst Krumbhaar mit Frau; jeder hatte sich eine Tüte Eis gekauft. Und jedesmal, wenn Frau Krumbhaar an ihrem Eis geleckt hatte, blickte sie auf Krumbhaars Portion. Krumbhaar leckte auch ganz versunken daran, aber etwas schneller als Frau Krumbhaar. Dann gingen sie über die Straße. Ein Auto mußte im letzten Augenblick bremsen. Aber Krumbhaar hatte das nicht bemerkt, Krumbhaar sah seine Frau an, sie blickte auf seine Tüte, er leckte zweimal an der Schokoladenkugel, Frau Krumbhaar leckte dreimal an ihrer Schokoladenkugel, und beide hatten wieder gleich große Portionen.
Ich sah Wiemkes auf mich zukommen. Jeder hatte sich einen Becher Eis gekauft. Frau Wiemkes kleiner Finger stand von dem Becher ab wie beim Kaffeetrinken; und sie schabten fast immer gleichzeitig mit den Plastiklöffeln über die Erdbeer-, Nuß-, Bananen- und Vanillekugeln. Herr Wiemke ließ das Eis nicht so lange auf der Zunge zergehen wie Frau Wiemke. Ich grüßte Wiemke. Er sah mich nicht. Frau Wiemke hatte es aber gesehen, weil er jedoch nicht grüßte, grüßte sie auch nicht und machte ein Gesicht, als wollte sie sagen: Wer uns nicht alles grüßt...
Gillhausen stand vor seinem Laden. Er sah mich nicht kommen. Auf der Erde lagen leere Becher, angebissene Waffeln und Tüten. »Vor der Sparkasse an der Ecke werfen die Leute nichts weg«, sagte Gillhausen, »doch gleich hinter der Ecke, hier bei mir.«
»Die Leute sind alle ganz versunken«, sagte ich, »und für sie ist eine Sparkasse kein Laden.«

Wir sahen Bierenbach auf uns zukommen. Er knabberte an einer Waffel.
»Sie schmeckt ihm nicht«, sagte Gillhausen, »jetzt nimmt er den Löffel.«
Da warf Bierenbach seine Waffel auf die Erde und ließ ganz versunken das Eis auf seiner Zunge zergehen.
Scharkowski und Frau waren erst auf uns zugekommen, machten dann aber plötzlich einen Bogen und wären beinahe gegen den Laternenpfahl gelaufen. Frau Scharkowski hatte Herrn Scharkowski gezeigt, wie groß ihre Portion noch war, und Scharkowski verlangsamte daraufhin seine Schritte, ohne zu merken, daß der Laternenpfahl vor ihnen stand. Sie gingen links und rechts an dem Laternenpfahl vorbei, und blickten wieder auf ihre gleich großen Portionen. Vor ihnen am Kantstein wartete ein Ehepaar.
Scharkowskis dachten, die gehen über die Straße, sie drehten sich aber plötzlich um und sagten zu Scharkowskis: »Wir holen uns auch ein Eis.«
»Wo gibt es denn hier Eis«, fragten sie Gillhausen, aber der antwortete nicht.
Nach zehn Minuten kam das Ehepaar an uns vorbei. »Jeder hat eine Tüte«, sagte Gillhausen und blickte ihnen nach. Das Ehepaar kehrte um. Gillhausen ging in seinen Laden. Das Ehepaar warf die Tüten vor seinen Laden.
Ich holte mir auch ein Eis.
Aus einem parkenden Auto winkte jemand mit einer Eistüte. In den Autos dahinter aßen auch alle Eis.
Ich ging bei ›grün‹ über die Straße. Ein Auto bremste im letzten Augenblick. Der Fahrer leckte an einer Kugel Vanilleeis, und seine Begleiterin blickte auf seine Portion und wartete, bis er wieder daran leckte. Dann leckten sie gleichzeitig an der Schokoladenkugel.

Mir fiel die Tüte aus der Hand. Ich hatte sie zu weit unten angefaßt.
Ein Mann, den ich nicht kannte, blickte auf die Tüte und leckte ganz versunken an seinem Eis.

Von einer Ecke in die andere

»Sie standen an der Straßenecke«, sagte der Polizist.
Ich sagte: »Als Kind mußte ich in einer Ecke spielen, und unsere Küche hatte eine Wohnecke. Ich habe mit Mädchen in Ecken gestanden und wurde schon auf der Schule öfter in die Ecke gestellt. Und ich habe stundenlang mit dem Gesicht in einer Ecke stehen müssen...«
»Sie standen an der Straßenecke«, sagte der Polizist.
Ich sagte: »Während ich stundenlang in der Ecke stand, sagte ich nichts. Ich dachte an die anderen Ecken. Die Gedanken an die Ecken gaben mir einen Halt. Aber nicht stundenlang. Ich mußte wieder stundenlang in der Ecke stehen. Und sagte noch nichts. Ich wurde dann an die Wand gestellt und sagte: ›Was ist das für eine große Ecke.‹ Man riß mich von der Wand weg, und ich stellte mich in jede Ecke, die kam. Sie ließen mich dann in einer Ecke stehen und sagten nichts.
»Sie standen an der Straßenecke«, sagte der Polizist.
Ich sagte: »Und jetzt stehe ich öfter an Straßenecken.«
»Sie standen an der Straßenecke«, sagte der Polizist.
»Und ich konnte von der anderen Straßenecke aus beobachten, daß Sie zu dicht an der Straßenecke gestanden haben. Dadurch behinderten Sie den Verkehr.«
Ich sagte: »Ich stand an der Straßenecke.«

Teller und Schirm

Der Herr blickte dem Kellner entgegen und heftete seine Blicke an den Teller. Sie folgten jeder Bewegung des Tabletts, auf dem das Tellergericht stand und gingen mit herunter, bis der Teller auf den Tisch gestellt wurde.
Das Tellergericht bestand aus einem Steak, das mit Zwiebeln garniert war, und in der Mitte des Tellers lag. Das Steak war umgeben von einer Portion Bohnen, einer Portion Spargelstücken, einer Portion Pilzen und einer Portion Kartoffelmus.
Mit der Gabel stach der Herr in eine Ausbuchtung des Steaks, entfernte sie mit einem Schnitt, betupfte sie mit einem Zwiebelkringel, strich Kartoffelmus darüber, fuhr an den Bohnen vorbei, zog eine Bohne mit und ließ diesen Bissen in seinem Mund verschwinden, der während der ganzen Zeit halb offen gestanden hatte.
Beim nächsten Mal umging er das Steak und förderte vier Pilze auf die Gabel. Das Messer benutzte er, um die Pilze mit den Spargelstücken in eine Lage zu bringen. Die Lippen spitzten sich, bevor er den Mund halb öffnete.
Anschließend teilte er das Tellergericht in zwei Hälften, indem er das Steak in der Mitte durchschnitt. Die Zwiebeln waren von dem Messer mit in die Tiefe gezogen worden; der Herr vergrößerte mit ihnen die eine Hälfte von dem Kartoffelmus und schob das Kartoffelmus dicht an die eine Hälfte der Bohnen heran. Auf der anderen Seite verteilte er die Pilze zwischen die Spargelstücke.
Der Herr vermied es, in die Nähe der einen Hälfte des Steaks zu kommen und kratzte mit der Messerspitze die Spargelfäden und die Bohnenfäden von der Grenzlinie

fort und drängte sie in einem Knäuel an den Tellerrand. Der Herr hatte sich weit über den Teller geneigt. Nun wich er zurück, zog die Unterlippe unter den oberen Vorderzähnen heraus und bereitete sich fünf Happen vor, zu gleichen Teilen. Er schob sie nacheinander in den Mund und beobachtete dabei jedesmal seine Stoffserviette, die etwas zu steif war, sich auf den Tischrand legte und bis unter das Kinn einem Vorhang in Zugluft glich.
Das Steak in der anderen Hälfte des Tellergerichtes schnippelte der Herr in Streifen und legte auf jeden Streifen zwei Pilze, zwei Spargelstücke und zwei Bohnen. Es wurden neun Streifen, und jeder Streifen lag so auf der Gabel, daß die beiden Randzacken frei blieben und den Rahmen bildeten.
Gleichmäßiger als vorher kaute der Herr und blickte, bevor seine Blicke auf dem Rand des Tellers herumgewandert waren, abschätzend um den runden Tischrand herum.
Mit dem letzten Streifen reinigte der Herr den Teller, indem er einen Kreis nach dem anderen um das Kartoffelmus zog. Als er den Bissen mit dem Kartoffelmus und den Zwiebeln heruntergeschluckt hatte, blickte der Herr an die Decke. Das Weiß der Decke, das Weiß des Tellers, das Weiß der Serviette und das Weiß des Tischtuches vereinigte sich zu dem Weiß auf seinem Stirnrand.
Der Kellner nahm dem Herrn die Serviette ab.
Das Tellergericht kostete neun Mark und vierzig.
Der Herr gab dem Kellner zehn Mark.
Ich sagte zu dem Herrn: »Vergessen Sie Ihren Schirm nicht!«
Der Herr antwortete: »Ich habe ihn noch nie irgendwo stehengelassen.«

Der Griff des Schirmes hing über dem Rand des Schirmständers und der Hut des Herrn hing mit dem vorderen Rand, wo eine Stelle ein Filz heller war, senkrecht in einer Linie.

Geminderte Wucht

Vor mir ging ein Herr. Ich überholte ihn und prallte mit einem anderen Herrn zusammen.
»Wenn Sie Ihren Vordermann überholen wollen«, sagte der Herr, »müssen Sie rechtzeitig prüfen, ob Ihnen jemand entgegenkommt.«
Der Herr blickte sich um und ging erst weiter, nachdem er drei Herren vorbeigelassen hatte.
Ich ging auf die andere Straßenseite.
Vor mir ging ein Herr. Plötzlich blieb er stehen, und ich prallte gegen ihn.
»Sie müssen Abstand halten«, sagte der Herr, »dann können Sie rechtzeitig ausweichen oder stehenbleiben.«
Der Herr blieb stehen, und ich ging weiter.
Ich ging an Schaufenstern vorbei.
Ein Herr kam aus einem Laden. Fast wären wir zusammengeprallt.
Der Herr sagte: »Um Ladentüren und Hauseingänge müssen Sie immer einen Bogen machen oder in der Lage sein, rechtzeitig auszuweichen, denn plötzlich kann jemand aus einem Laden, aus einem Hauseingang kommen, und man prallt zusammen.«
Ich legte meine Hände auf den Rücken.
»Das würde ich an Ihrer Stelle nicht tun«, sagte der Herr, »mit Ihren Händen können Sie rechtzeitig die Wucht eines Zusammenpralles mildern.«
Ich ging nicht mehr so dicht an Läden und Hauseingängen vorbei.
Vor mir ging ein Polizist. Ich hielt Abstand, um rechtzeitig ausweichen zu können, und nahm die Hände vom Rücken.
Der Polizist ging so wie ich gehen wollte und sah mal

nach rechts und nach links. Ich wollte aber nicht mehr nach rechts und links sehen, wenn der Polizist nach rechts und links sah. Doch jedesmal, wenn er nach rechts und links sah, sah ich auch nach rechts und links. Ich wollte ihn jedoch nicht überholen, weil er so ging, wie ich gehen wollte.
Plötzlich ging der Polizist schneller. Und ich ging weiter so wie ich gehen wollte und sah nicht mehr nach rechts und links.
Ich ging bei rot über die Kreuzung.
Auf der anderen Seite wartete der Polizist. Ich fragte ihn, warum er plötzlich schneller gegangen sei, während ich hinter ihm herging. Seit einer Stunde hätte ich versucht spazierenzugehen, aber zweimal sei es zu einem Zusammenprall gekommen und einmal wäre ich fast mit jemandem zusammengeprallt.
»Gehen Sie weiter«, sagte der Polizist.
Er ging hinter mir her. Ich fühlte mich beobachtet.
Ein Herr kam aus einem Laden und wäre fast mit dem Polizisten zusammengeprallt.
Ich winkelte die Arme an und schloß die Hände zur Faust, hielt sie abwehrend vor die Brust und ging so wie ich gehen wollte weiter und sah mal nach rechts und nach links. Die Leute sahen mich an.
Ich sagte: »Ich gehe spazieren.«

Seine Hosen und meine Hose

Ich ging zum Hosenständer und nahm eine Hose vom Bügel. Die Frau neben mir sagte zu ihrem Mann: »Das ist keine Hose für dich«, und schaute wieder auf den Hosenständer. Der Mann wollte sich aber die Hose genauer ansehen und hielt sie an seine Hose.
»Sie kennen meinen Mann nicht«, sagte die Frau zu mir, »er muß eine neue Hose haben, eine sportliche soll es sein. Ich habe gesagt: ›sportlich sagst du, da steigst du dann 'rein und fertig‹; ist das sportlich?«
Der Mann war hinter den Vorhang gegangen und hatte sich die Hose angezogen.
»Sie sitzt ihm hinten herum doch viel zu stramm«, sagte die Frau. »Und wenn Sie wüßten, wie er sich immer hinsetzt. Ich habe gesagt: ›so wie du in eine Hose 'reinsteigst, setzt du dich auch hin‹.«
Der Mann setzte sich hin.
»Jetzt setzt du dich so hin, wie du dich sonst nie hinsetzt«, sagte die Frau und nahm eine andere Hose vom Bügel: »Das ist die richtige.«
Der Mann ging damit hinter den Vorhang. Als er heraus kam, sagte die Frau: »Habe ich zuviel gesagt?«
Ich sagte: »Sie beutelt sich hinten aber.«
»Sie beutelt sich nicht«, sagte die Frau, »das ist der Spielraum.«
Der Mann stellte sich vor den Spiegel.
Die Frau zupfte an der Bügelfalte und sagte: »Das ist eine Dauerbügelfalte. In die Hose kann er 'reinsteigen und fertig. Das macht ihr nichts aus. Und es ist trotzdem eine Hose für alle Gelegenheiten...«
Der Mann nahm eine andere Hose vom Bügel und ging hinter den Vorhang.

»Alle guten Dinge sind drei bei ihm«, sagte die Frau, »und ich sage jedesmal: ›was sagst du da...?‹ Aber er geht eben nicht weiter...«
Der Mann hatte die Hose angezogen und sagte: »Diese Hose ist ein Mittelding...«
Ich sagte: »Sie hat etwas von der sportlichen Hose und etwas von der Hose für alle Gelegenheiten.«
»Und sie hat nicht zuviel Spielraum hinten und nicht zu wenig«, sagte der Mann.
»Ist das nicht Flanell?« sagte die Frau. »In Flanell hält sich auf die Dauer aber keine Bügelfalte, und ich kann Flanell nicht anfassen; eine Hose muß sich glatt anfühlen, wie die Hose für alle Gelegenheiten.«
»Die Hose nehme ich«, sagte der Mann.
»Du meinst die Hose für alle Gelegenheiten«, sagte die Frau.
Der Mann sagte: »Ich meine die Hose, die ich anhabe.«
Die Frau zog das Preisschild aus der Tasche. »Für das Geld könntest du aber zwei Hosen haben«, sagte sie.
Der Mann ging hinter den Vorhang.
»Ich will aber auch eine Hose haben«, sagte ich.
»Sind Sie nicht der Verkäufer?« sagte die Frau.

Nichts als Nullen

Die Null sieht aus wie ein kleiner Geldsack; unten ist sie zu breit und oben ist ein Zipfel.
Die nächste Null wird ovaler. Ich habe zu stark auf das Blatt gedrückt; links und rechts sind die Striche breiter als oben und unten. Sie sieht aus wie ein Ei.
Die dritte Null ist eine ›sechs‹ geworden. Ich hätte noch etwas Schwung gebraucht, um bis nach oben zu kommen.
Die vierte Null mache ich ohne innere Beteiligung. Es wird eine einwandfreie Null.
Die Null, die daneben hinkommt, ist so gleichmäßig wie die einwandfreie Null geworden. Oder trügt der Schein?
Ich hebe das Blatt hoch: Die Null, die zuerst wie ein kleiner Geldsack aussah, und die Null, die zuerst wie ein Ei aussah, und die Null, die zuerst wie eine ›sechs‹ aussah, sehen jetzt aus wie die anderen Nullen.
Ich mache weitere Nullen:
Eine Null sieht wieder aus wie ein kleiner Geldsack, und eine Null sieht wieder aus wie ein Ei, und eine Null sieht wieder aus wie eine ›sechs‹. Eine Null steht da wie verirrt.
Ich hebe das Blatt wieder hoch. Die verirrte Null sieht doch aus wie eine Null zwischen lauter Nullen. Keine Null scheint den anderen Nullen etwas Ernstliches zufügen zu wollen.
Ich mache noch eine Null. Die Null, und die nächste Null, und die dritte Null, und die vierte Null sehen aus wie standesbewußte, anhängliche, treue und standhafte Nullen. Ich habe nichts hineingelegt und hebe noch einmal das Blatt hoch.

Die fünfte Null soll ganz einfach eine vorschriftsmäßige
Null werden. Sie sieht aus wie eine ›fünf‹ . . .
Oder trügt der Schein?

Ärgernisse

sind hier die privaten Reflexe des Alltags, Widrigkeiten, wie sie jeder kennt. Plötzlich und unbegründet verlieren sie ihre Belanglosigkeit, weil sie uns auf die Nerven gehen. Dabei sind es meist Kleinigkeiten, die diese Tücke des Nichtfunktionierens entwickeln, uns aus dem Schritt bringen. Ben Witter macht in seiner knappen, prägnanten Erzählweise den inneren Zwang deutlich, dem man in solch einer Situation ausgesetzt ist und der einen daran hindert, dem Selbstverständlichen souverän zu begegnen. Das zieht Kreise — Kreise nach innen. Jedem seinen eigenen Ärger. Die Stolperdrähte sind Gemeingut, doch wer fällt, stößt sich die eigene Nase.